나는왜

인간관계 가

?

나는 왜 인간관계가 힘들까?

초판 1쇄 인쇄 | 2017. 11. 15
초판 1쇄 발행 | 2017. 11. 20

지은이 | 유재화
펴낸곳 | 자유로운상상
펴낸이 | 하광석
디자인 | 김현수(이로디자인)

등　록 | 2002년 9월 11일(제 13-786호)
주　소 | 서울시 성북구 장위동 231-187 102호
전　화 | 02-392-1950 팩스 | 02-363-1950
이메일 | hks33@hanmail.net

ISBN 979-11-956827-9-9　03320

이 도서의 국립중앙도서관 출판예정도서목록(CIP)은 서지정보유통지원시스템 홈페이지
(http://seoji.nl.go.kr)와 국가자료공동목록시스템(http://www.nl.go.kr/kolisnet)에서
이용하실 수 있습니다. (CIP제어번호 : CIP2017028990)

나는 왜 인간관계가 힘들까?

유재화 지음

자유로운 상상

" 세상에는 수많은 글과 말이 넘쳐난다.

사람들의 입을 통해서만 말이 쏟아져 나오고 지면을 통해서만 글이 범람하는 것은 아니다.

스마트 폰의 보급과 함께 언제 어디서나 하고 싶은 말을 전하고 무수하게 쏟아져 나오는 세계의 소식들을 앉은 자리에서 들을 수 있는 세상이다. 그러다보니 내가 하는 말이, SNS를 타고 전파되는 사연들이 진실인지 아닌지 여부도 가려내기가 쉽지 않을 때가 적지 않다. 한순간의 실수로 말 한마디를 잘못하거나 글을 잘 못 쓰는 바람에 구설에 휘말리는 경우들을 보는 것도 어렵지 않게 되었다.

말이 많아지면 쓸모 있는 말 보다는 버려야 할 말이 더 많아지는 것이다.

이제는 말조심, 입조심을 넘어 차라리 침묵하는 법을 익혀야 할지도 모르겠다.

18세기 프랑스의 신부 디누아르도 자신의 책을 통해 '말 잘하고 글 잘 쓰는 법'을 이야기하고자 했다. 말이 많아 문제가 되는 일은 21세기인 지금이나 과거나 마찬가지였음을 짐작할 수 있다.

'소통'이란 그저 정보를 전달하고 의사를 표현하는 것을 의미하지 않는다.

온종일 쉴 새 없이 대화를 나누고 돌아서면 가슴속으로 문득 아쉬움이 스치는 것을 느낄 수 있다. 단순히 '말을 주고받는 것'만으로 상대와 충분히 소통할 수 있을까. 말에는 그 사람의 생각이 담기게 마련이다. 진정한 소통이란 서로의 진심을 나누는 것이다. 어설프고 서툰 표현밖에 할 줄 몰라도 거기에 진심이 담기면 상대방의 마음에 가닿을 수 있다. 마음을 현혹하는 번지르르하고 화려한 미사여구보다 진솔한 한 마디의 울림이 더 크기 때문이다.

사람들은 소통하기 위해 쉴 새 없이 입을 놀리면서도 정작 상대방의 말은 제대로 듣지 않는다. 저마다 자기 말을 하느라 바쁘기 때문이다. 말을 잘 하려다 보면, 순간적으로 상대방과 동시에 말이 끊기는 잠깐의 침묵조차 두려워하는 경우도 있다. 순간의 침묵이 몰고 오는 어색함으로 인한 초조와 불안을 해소하기 위해 억지 대화를 유도하다 보면 오히려 분위기만 더 어색해지기도 한다. 그러나 대화 중간의 침묵은 그때까지 나눈 대화 내용을 되새기고 참된 소통으로 한 걸음 더 나아가는 도움닫기가 될 수도 있다는 사실을 명심해야 한다. 원활한 소통에 반드시 필요한 것 또한 적당한 침묵이라는 점을 기억하자. 적당한 순간의 긍정적인 침묵은 수백 마디의 말보다 효과적인 소통의 열쇠가 될 수 있다.

침묵은 상대방의 말에 귀 기울이는 행위로 나아갈 때 효율적이다.

당신은 먼저 이야기하는 사람인가, 잘 들어주는 사람인가. 참된 소통을 원한다면 마음을 열고 먼저 상대방의 말을 경청하는 데서 대화를 시작해야 한다. 상대의 말에 귀 기울인다는 것은, 진심으로 듣기 위해 노력을 기울인다는 의미이다. 남의 이야기를 들어줄 때는 적절히 맞장구쳐 주고, 긍정적인 표정과 미소 등 비언어적인 화술을 활용하여 이야기를 이끌어준다. 그리고 적절한 순간에 어떻게 이야기할 것인지 한 번 더 생각하고 입을 여는 것이다. 편견을 버리고 서로의 차이를 인정하며, 공감하고 배려하는 마음가짐이 있을 때 비로소 우리는 진정한 소통에 이를 수 있음을 기억하자.

2017년 가을

유재화

나는 왜 인간관계가 힘들까?

Chapter 01

네 마음을 보여줘

20만 번의
깜박임으로 소통하다

　　인간의 능력은 어디까지이며, 타인과의 소통 의지 또한 어느 한계까지 넘어설 수 있을까. 어느 날 갑자기 온몸이 마비되어 움직일 수 있는 것이라고는 한쪽 눈꺼풀밖에 없다면, 당신은 무엇을 할 것인가. 그냥 포기한 상태로 어서 죽여 달라고 애원할 것인가, 아니면 어떻게든 살아 있음을 알리기 위해 노력할 것인가.

　　갑작스레 닥친 참담한 현실에 느끼는 당혹감 때문에 정말 죽는 것이 나을 것이라고 생각할 지도 모른다. 가족은 물론 친구, 직장 동료, 이웃 어느 누구와도 소통하지 못 한다면 그것은 살아 있어도 고립이며 단절일 뿐임을 너무나 잘 알기 때문이다.

　　실제로 세계적으로 유명한 프랑스의 패션잡지 편집장이던 도미니크 보비라는 사람은 잘 나가던 인생의 1995년 어느 날 아침, 뇌졸중으로 쓰러졌다 깨어난 후 '로크 인 신드롬(Lock in Syndrom)' 상태가 되었다. 그것은 전신이 마비되어 아무것도 움직일 수 없지만 정신은 온전한 상태로, 굳이 비유적으로 설명하자면 잠수종(潛水鐘)에 갇힌 상태거나 온몸을 깁스하여 꼼짝할 수 없어서 괴로운 정도라면 어렴풋이 이해가 될까. 그런 그가 단지, 움직일 수 있는 부분이 하나 있다면 왼쪽 눈꺼풀뿐이었다.

그 역시 당장 죽여 달라고 소리 없이 외쳤으나, 이내 자신의 갇혀 있는 현실적 한계를 뛰어 넘기 위한 도전을 결심한다. 겨우 움직일 수 있는 한쪽 눈꺼풀의 깜박임을 이용해 세상과의 새로운 소통을 시도한 것이다.

그는 마비된 육체에 비해 정신은 완전히 정상인 상태로 건강하던 시절의 행복했던 기억들을 떠올렸다. 그리고 그대로 죽었더라면 남겨지게 될 사람들에게 미처 전하지 못했을 말을 하기 시작했다. 그는 언어치료사의 도움을 받아 15개월 동안 20만 번의 눈 깜박임을 시도했고, 그로써 마침내 한권의 책을 완성하기에 이르렀다.

그것은 그의 혼이 서린 노력의 결과로서 그 어떤 글보다 존귀한 것이었다. 평범한 사람들이 한두 달 만에 뚝딱 만들어 낼 수 있는 책들과 달리 자신의 신체적 한계를 넘어, 가장 평범하고 무심히 지나친 나날들에 대한 그리움과 안타까움과 회한이 현재의 고통스런 절규 속에 고스란히 녹아 있었기 때문이다. 그는 잠수종 속에 갇힌 답답하고 암울한 현실의 절박함과 모두가 미처 알지 못하는 그 평범한 하루가 가장 행복한 순간임을 알려주는, 그럼으로써 간절하게 세상과 소통하고자 하는 의지를 전달하기 위해 노력했다.

마침내, 지난한 노력 끝에 책이 세상에 나오게 되었으나 그로부터

10여 일만에 그는 결국 심장마비로 세상을 떠나고 말았다. 그러나 그는 세상 사람들에게 인간으로서 세상과 소통하며 살아가는 의미와 행복에 대해 분명한 메시지를 남겼다. 그의 실화는 '잠수종과 나비'라는 영화로도 제작되었다.

이처럼 절대 고독과 고립의 처지에서도 세상과 소통하려 애쓰는 사람들의 예는 얼마든지 볼 수 있다. 어느 경우든 인간의 소통 의지가 얼마나 절박하고 절실한가를 깨닫게 해준다.

수년 전 영국 BBC의 한 다큐 프로그램에 소개된 영국의 장거리 버스기사 리처드 씨의 경우도 그렇다. 그는 어느 날 오토바이를 타다가 다른 버스에 들이받히는 큰 사고를 당하고 말았다. 결국 척추 부상을 입고 병원에 입원했으나 치료 중간에 감염 후유증으로 전신이 마비되어 '로크 인 신드롬' 상태에 처하고 말았다.

평소 그는 불의의 사고로 전신마비가 되어 식물인간 상태로 병상에 장기간 누워있는 환자들의 얘기를 들을 때면 이렇게 말하곤 했었다.

"만약에 내가 나중에 저런 지경에 처하게 되면 그냥 내 삶은 존엄하게 마무리 해주길 바란다. 절대로 저렇게 하루라도 무의미하게 식물처럼 생존하고 싶지 않다."

그가 병상에 누운 지 1년여가 되었을 때 가족들은 생전의 그의 신념에 관한 기억을 떠올리며 더 이상 무의미한 연명치료를 중단하기로 결심했다. 그리고 병원 측과 협의에 들어갔다. 그러나 의사들은 안락사를 반대하며 조심스러워했다.

"과연 환자 본인도 그렇게 생각할까요? 정상일 때는 대부분 그렇게 존엄사를 원합니다. 그러나 정작 자신이 지금처럼 심각한 상태가 되었을 때는 생각이 바뀌는 것도 사실입니다. 다치고 나면 마음이 바뀌는 데도 생각을 제대로 표현하지 못할 뿐이라면, 우리는 살고 싶은 사람을 죽이는 결과에 이를 수도 있습니다!"

그러면서 의사들은 좀 더 시간을 두고 생각해 보자고 가족들을 설득했다. 그리고 다시 얼마의 시간이 흐른 뒤, 가족들의 요청에 따라 결국 리처드 씨의 생명유지 장치의 스위치를 끄기로 한 날이 되었다. 의사는 환자와 가족들에게 마지막 작별인사를 나누도록 했다. 이어서 의사가 환자 본인의 눈을 들여다보며 마지막으로 진지하게 물었다.

사실 그때, 의사에게도 어떤 특별한 기대가 있는 것은 아니었으나, 환자에게 끝까지 최선을 다하기 위하여 애쓰고 있었던 것 뿐이다.

"잘 들으세요, 리처드 씨…치료를 계속 받고 싶은가요?"

그 순간, 리처드씨는 눈꺼풀을 움직여 "그렇다"고 대답했다. 눈꺼풀로 대답하는 것을 본 의사는 놀라서 다시 두 번이나 같은 질문을 되풀이했다.

"정말 살고 싶습니까?"

몇 번이고 환자의 대답은 단호하고 분명했다. 그것은 아무도 예상치 못한 결과였다. 사고를 당하기 전 그가 늘 하던 말과는 전혀 다른 대답이었던 것이다. 의사는 물론 가족들도 매우 놀랐으나 한편으로는 천만다행이었다. 만약, 그가 필사적으로 눈꺼풀을 움직이지 않았더라면 그의 '진짜 바람'을 아무에게도 전하지 못했을 것이기 때문이다.

이처럼 인간의 소통 의지는 전신이 마비되고 생사의 갈림길에서조차 쉽게 놓아버릴 수 없는 간절한 것임을 다시 깨닫게 한다.

온몸이 굳어서 아무것도 할 수 없고 그저 숨만 쉴 뿐일지라도 사랑하는 이들 곁에 남아 눈빛으로라도 소통하고자 하는 존재가 바로 인간이다.

지금 혹시, 아무런 의사도 표현하지 못한 채 누워만 있는 환자 가족을 두었다면 그의 눈을 들여다보라. 눈꺼풀이 움직이는지, 적어도 그의 눈빛이 무엇을 간절히 바라는지 듣기 위해 눈을 크게 뜨길 바란다.

누군가와 끊임없이 소통하고자 하는 의지가 바로 우리를 살아있게 하는 동력인지도 모른다.

사업하는 남편과 살며 두 딸을 둔 엄마가 있었다. 모든 부모가 그렇지만 그 엄마 역시 딸들의 행복을 위해 평생을 살아왔다. 첫 딸은 몇 년 전에 학자 집안의 둘째 아들에게 시집가서 잘 살고 있었다. 그 사위는 외국에서 공학박사 학위를 받고 돌아온 재원으로서 국내 일류기업의 연구소 수석 연구원이었다. 그들의 생활수준은 물론 삶에 대한 만족도도 매우 높았으므로 부모로서도 첫 딸의 결혼은 성공적이라고 생각하고 있었다.

'우리 둘째도 저 정도 배필이면 더 바랄 것이 없을 텐데…'

얼마 후, 둘째 딸도 결혼할 사람을 부모에게 소개시켰다. 둘째 딸은 자신이 근무하던 증권회사에서 사내 연애를 통해 남자를 만났다. 그 젊은이는 평범한 집안의 첫째 아들이었다. 엄마는 그가 서울의 SKY대학 출신이 아니라는 사실에 일단 기겁을 했다.

'게다가, 고작 증권회사 말단 사원이라니!'

대강의 프로필을 파악하고 나니 생긴 것부터 말투, 음식을 먹는 태도까지 예의 없고 촌스러워 보였다. 엄마는 아무리 생각해도 딸이 데

려온 젊은이가 마음에 들지 않았다. 그날 이후로 엄마의 마음속에는 단단한 빗장 하나가 채워졌다. 엄마의 굳게 닫힌 마음을 열기 위해 둘째 딸은 그날부터 울고불고 매달리며 설득하려 들었으나 쉬운 일이 아니었다.

"그 녀석보다 더 좋은 남자 얼마든지 구해줄 테니까 너는 그냥 얌전히 기다려!"

"더 좋은 남자? 정확히 말해서 더 조건 좋은 남자겠지. 결혼하는데 무슨 조건이 필요해? 사랑하면 결혼하는 거지. 결혼은 내가 하는 거잖아요. 돈은 살면서 열심히 벌면 되는데 그게 뭐 그렇게 중요해?"

"돈이 안 중요하니? 너 언니 집에 갈 때마다 부러워했지? 돈이 있어야 행복도 있는 거야. 손가락 빨면서 행복 타령이 나올 거 같니? 게다가 시부모가 같이 살자고 하면 어쩔 거니? 말 안 해도 시집살이는 '따 놓은 당상'이다, 이것아! 엄마 말을 그렇게 못 알아듣니?"

몇 시간씩 대화를 해도 이렇게 딸은 엄마를 이길 수가 없었다.

그렇게 맞서는 것으로는 더 이상 엄마를 이길 수 없다고 생각한 딸은 마지막으로 엄마의 감성과 인정에 호소하기로 마음먹었다. 진심으로 자신의 마음을 전할 방법은 그것뿐이라고 생각한 것이다.

다음날, 모녀는 호숫가 벤치에 앉았다. 바람이 머플러를 휘젓고 지나가자 딸이 엄마의 옷깃을 여며 주며 말을 꺼냈다.

"엄마, 저는 엄마의 바람대로 25년간 바르고 착하게 잘 살아왔다고 생각해요. 그것을 지켜보며 엄마도 행복하셨죠? 저도 행복해요.

엄마는 세상에 둘도 없이 저를 사랑하시고 저의 행복을 위해 가장 진심으로 기도하시는 분이니까요. 저도 어쩌면 언니처럼 그런 배필을 만날 수도 있겠지만, 지금 현재 제가 사랑하는 사람은 그 사람이에요. 엄마는 마음에 들지도 않고 제대로 보려고 하지 않아 볼 수도 없겠지만 그 사람에게는 그 사람만의 장점이 많아요. 다른 사람을 배려할 줄 알고, 한 가지 일에 진지하게 몰두하며 끈기 있게 무언가 이루려는 목표도 분명하고요. 또 효심도 지극하고 여동생들과의 우애도 좋구요. 저는 어떤 재물이나 지식보다 그 사람의 그런 면에 마음이 끌렸어요. 제가 갖지 못한 그런 점들은 배워야 할 것들이에요. 엄마 아빠도 그동안 저희들 키우시면서 한 번도 사람의 인격이 아닌 다른 조건을 중시하라고 가르치지 않으셨어요. 그런 부모님을 저는 존경해 왔고요. 엄마 걱정하시는 점은 잘 알겠지만 조금만 마음의 문을 열고 그 사람을 다시 보아주실 수 없을까요? 엄마가 진정으로 사랑하는 딸이 사랑하는 사람인데, 한 번쯤 딸을 사랑하는 마음으로 그 사람을 바라봐 주세요…"

딸의 이야기를 듣는 엄마의 눈에서는 어느새 애처로움과 기쁨의 눈물이 흘렀다. 마침내 굳게 닫혀 있던 마음의 빗장이 서서히 풀리기 시작한 것이다. 그 마음의 빗장을 푼 것은 딸의 진심어린 소통 의지였다. 진심으로 어머니에게 자신의 마음을 전할 뿐 아니라 자신의 간절함을 전하기 위해 노력했다. 그리고 그것은 마침내 엄마의 닫힌 마음에 커다란 울림으로 전해졌고 서로의 진심을 이해하기에 이른 것이다.

자녀의 행복을 바라지 않는 부모는 없다. 모든 행복의 척도가 물질에서 비롯하는 것은 아니지만 대체로 물질적 풍요가 삶의 안락함을 위해 '이왕이면 필요한 조건'이기는 하다. 그러니 세상의 모든 부모들은 결혼을 앞두고 자녀들의 배우자를 결정함에 있어 '되도록이면 좋은 쪽'으로 선택하길 바란다. 그러자니 자신들은 평생 인간의 조건에 연연하며 사람을 사귀지 않았고 자식들에게도 그렇게 가르치지 않았음에도, 막상 그런 선택의 순간에 마주서게 되면 그동안의 인생관이나 가치관과 배치되는 선택도 주저하지 않는 것이다. 그 과정에서 부모와 자녀들은 깊은 갈등을 겪기도 한다.

삶의 고비마다 갈등과 화해의 순간은 되풀이되게 마련이다. 다만 갈등의 골이 더 깊어지기 전에 진심을 전하고 그것을 마음으로 받아들이며 함께 공감하려는 소통의 노력이 있다면, 반복되는 갈등조차도 지루한 삶의 감칠맛 나는 양념 정도로 이해할 수도 있지 않을까. 극단적으로 자기 생각만 옳다고 주장하며 영원히 마음을 닫고 싶은 사람은 없을 것이다. 단지, 그들이 바라는 것은 논리와 주장이 아니라 마음을 어루만지고 울림을 주는 진정한 대화와 소통의 노력일지도 모른다. 빗장이 굳게 닫혔다고 포기하고 돌아선다면 다시는 그의 마음을 읽을 수도, 이해할 수도 없게 된다는 사실을 기억하라.

언젠가 싸늘하게 마음의 문을 닫아걸고 돌아선 사람을 외면하고 있었다면, 다시 한 번 조용히 문을 두드리고 진정으로 소통하기 위해 다가서라. 어쩌면 빗장은 벌써 열려 있는지도 모른다.

나는 왜 인간관계가 힘들까?

받은 것만 기억하기

사람들과의 교류는 어떤 의미에서 주고받음의 연속이다. 인사를 나누고, 대화를 나누고, 기쁨과 슬픔을 나누고, 선물을 주고받고…… 그럼으로써 서로 소통하기 때문이다. 이쪽에서 인사를 건넸는데 시큰둥하게 반응하거나 외면당하기라도 한다면 무척 무안하다. 대화를 나누는 것도 그렇다. 대화란 반드시 어떤 정보전달을 위해서만 활용되는 것이 아니듯, 자신의 느낌과 생각을 표현하기 위하여 말을 건넸을 때 상대로부터 아무런 반응도 얻지 못한다면 그 역시 난감한 기분에 사로잡게 된다. 이처럼 가벼운 인사는 물론 사소한 말 한 마디도 서로 유쾌하게 오갈 때 인간은 사회적 동물임을 더욱 실감하는 것이다.

가까운 사이일 때는 인삿말 정도가 아니라 사소한 선물에서 큰 도움까지도 주고받게 된다. 친구의 생일을 기억하여 마음을 담아 선물을 하면, 꼭 바란 것은 아니지만 훗날 그 친구도 나의 생일이나 혹은 특별한 경우에 보답을 하려고 애쓰게 된다. 그것은 하나를 받았으니 하나를 되갚아준다는 계산적인 의미가 아니다. 오고가는 그것이 곧 상대방에 대한 마음의 징표인 셈이다. 그럴진대 자신이 상대에게 준 것에 비해 돌아오는 것이 적거나 없을 때는 왠지 본전 생각이 나게 마련이다. 어쩌면 그것은 상호교류가 아니라 일방적인 짝사랑 같은 느낌이 들기 때문이기도 하다. 그러나 정말 더 오래 그와 소통하기 원한다면 자신이 준 것보다는 '받은 것을 기억'하기 위해 노력해야 한다. 받은 것만 기억할 때 서로의 마음이 원만히 소통될 것이기 때문이다.

장애인 봉사단체에서 만나 알게 된 중년의 재희 씨와 영미 씨는 3년째 가깝게 사귀는 친구다. 그들은 일주일에 한 번씩 서울 근교의 장애인 시설에서 봉사활동을 이어간다. 하루 3~4시간의 봉사활동을 마치고 돌아가는 길에는 가끔 경치 좋은 카페나 음식점에서 휴식을 취하기도 했다. 그때마다 재희 씨는 승용차 트렁크에서 바리바리 싼 물건들을 영미 씨에게 나눠주는 것이다.

"이번에 우리 밭에서 고구마를 좀 캤잖아. 혼자 먹기는 너무 많으니까 당연히 나눠 먹어야지. 그리고 이건 산나물인데 시골 사시는 이모님이 동네 뒷산에서 봄에 캐서 말렸다가 보내주셨더라. 이것도 가져가, 한두 번은 해 먹을 만할 거야."

재희 씨가 꺼내온 보자기를 풀어 보이며 이렇게 설명하자 영미 씨는 감격하며 말했다.

"어머나, 세상에. 이걸 자기네 텃밭에서 캤다고? 완전 무공해잖아! 너무 고마워. 허구한 날 이렇게 얻어먹기만 해서 어떡하니?"

재희 씨는 제 집 텃밭에서 나는 채소는 물론 그냥 장을 보러 갔다가도 좋은 게 있으면 많이 사다가 여기저기 친구들에게 나눠주곤 했다. 그녀에게는 이웃들과 콩 한쪽이라도 나누는 것이 큰 즐거움이었다.

"뭘 어떡해? 얻어먹기는 뭘 얼마나 얻어먹었게. 먹는 사람이 좋아라 하는 거 보면 더 주고 싶어. 오늘 커피 값도 내가 낼게."

그 다음에도, 만날 때마다, 재희 씨는 건빵 한 봉지라도 나눠주곤 했으며 빈손으로 오는 날이 거의 없었다. 그때마다 영미 씨는 진심으로 고마워하며 받아들곤 했다.

"고마워. 난 줄 것도 없는데… 이 책, 요새 읽는 중인데 참 좋더라. 너도 읽어봐, 선물이야."

재희 씨가 열 번 정도 이것저것 나눠주는데 비해 영미 씨가 가끔 읽던 책이 감동적이라며 주는 것은 한두 번에 불과했다. 그래서 영미 씨도 늘 미안한 마음이 들었다.

어느 날, 재희 씨는 자신의 생일을 맞아 영미 씨와 점심식사를 같이 하게 되었다. 그런데 식사를 마치고 차를 마실 때까지도 영미 씨는 선물은커녕 아무것도 건네지 않았다. 재희 씨는 어느 순간 문득, 허전한 기분이 들기 시작했다. 그리고, 그러지 말자고 하면서도 속으로는 자꾸만 이런 생각을 하게 되었다.

'좀 서운하네…친구 생일이라는데 오늘도 아무것도 없나? 내가 그동안 자기한테 퍼준 것이 얼만데…돌려받자고 준건 아니지만 대단하다…아니지, 내가 주고 싶어서 줘 놓고 왜 이러지. 그래, 그냥 밥 한 번 샀다고 생각하자!'

일부러 생일선물 받자고 점심을 산 건 아니지만 왠지 서운한 생각이 들었다. 그래도 재희 씨는 내색하지 않았다. 어느덧 점심식사와 유쾌한 수다가 끝나고 집으로 돌아가기 위해 밖으로 나오며 영미 씨가 말했다.

"오늘 점심 정말 잘 먹었어. 생일 정말 축하해~ 조심해서 잘 가."

그러면서 그냥 돌아가는 것이었다. 집으로 돌아오는 길에 재희 씨는 그렇게까지 무심하고 개념 없는 친구에 대해 온갖 생각을 다 하게 되었다.

'정말 오늘도 아무것도 안 챙겨 온 거였어? 친구 생일인데. 이게 뭐야? 왜 자꾸 본전 생각이 나는 거지? 그러면 안 되는데…사실 쟤가 뭘 달라고 한 적은 없잖아, 내가 좋아서 준 거지. 그래도 왠지 기분이 좀 그러네…미리 생일을 알려준 것도 처음이긴 하지만…쟤를 계속 사귀어, 말어?'

재희 씨는 어떻게 왔는지 생각도 안 날 만큼 복잡한 심정으로 차를 몰고 아파트에 도착했다. 그때 초소 근무 중이던 경비 아저씨가 그녀를 불렀다.

"오전에 택배가 왔네요."

"택배요? 뭘까? 요새 주문한 게 없는데…웬…상황버섯…?"

고개를 갸웃거리며 받아본 택배상자의 운송장에는 점심식사를 함께 하고 헤어진 친구의 이름이 쓰여 있었다.

그것은 바로, 영미 씨가 보낸 생일선물이었던 것이다!

누군가에게 준 것을 일일이 기억하다 보면 나는 어느새 빚쟁이가 되고 만다. 그러니 '내가 이만큼 주었으니 상대방도 기억해 주겠지' 하는 생각은 버려야 한다. 돈을 빌려 주고 이자놀이를 하는 게 아니라면, 내 마음이 움직여서 함께 나누고 싶어서 기꺼이 준 것을 하나하나 기억하는 것은 어리석은 짓이다.

　준 것을 기억하고 몇 가지가 내게 되돌아왔는지 따지기 시작하는 순간, 상대방과 진정한 감정의 교류, 즉 소통이 아닌 단절을 경험하게 될 것이기 때문이다. 주어도주어도 더 주고 싶어 하는 마음이야말로 상대방과의 무한한 소통을 원하는 감정의 다른 표현이다. 인사를 주고받고, 나아가 대화를 주고받으며 교류하다 보면 내가 가진 것도 기꺼이 나누고 싶은 마음이 드는 것은 당연지사이다. 그러한 자연스런 소통의 감정을 이기심으로 오염시키지 말자.

　그러므로 상대방이 받기만 하고 주지 않는 것에 대해 서운할 필요도 없다. 번번이 당신의 가진 것을 나누어 받는 상대 역시 당신의 마음을 누구보다 알고 있을 것이기 때문이다. 작은 것으로 보답하지 않는다고 조바심내지 말자. 어쩌면 정말 중요한 순간에 당신에게 큰 도움이 되어 줄지 누가 알겠는가.

　당신의 마음을 보여주고 나눠주는 행복한 일에 있어 대가를 기대하거나, 준 것만 기억하는 어리석음을 저지르지 말 것을 당부하고 싶다.

　무조건 상대에게서 받은 것만 기억하라! 그것이 참으로 그와 마음을 나누는 행복한 방법이기 때문이다.

뜨거운 형제

피를 나눈 가족들이 타인들보다 훨씬 마음이 잘 통하는 것은 사실이다. '피는 물보다 진하다'는 말도 있지 않은가. 아무리 외면하려 해도 중요한 순간에는 어김없이 가족에게, 물보다 진한 핏줄에게 마음이 이끌리는 것을 보면. 그러나 복잡하고 바쁜 사회생활에 쫓기는 상황 속에서 언제부턴가 가족들 사이의 대화도 줄어들고 각자의 세계에서만 분주할 뿐이다. 위치상으로나 감정적으로 가장 가까우면서도 서로의 얼굴을 마주 대할 시간이 부족해지는 것이다. 시간이 부족하다 보니 자신의 속 깊은 이야기를 나눌 마음의 여유도 없다. 그럼에도 상대방의 눈빛만 보아도 무엇이 부족하고 어려운지 능히 짐작하고도 남음이 있는 사이가 바로, 가족이고 형제자매가 아닐까.

서로 각자의 가정을 꾸리고 사는 형제가 있었다. 다섯 살 터울의 형님은 서울에, 동생은 지방의 소도시에 사느라 1년에 몇 번 명절에나 얼굴을 보며 바쁘게 살았다. 어릴 때부터 형님을 어려워했던 동생은 결혼 전에는 물론 이후에는 더더욱 서로 연락하고 대화를 나눌 시간이 충분치 않았다. 한 번씩 볼 때면 잘 살고 있다고 안부를 전할 뿐이었다. 그러다 보니 언제 만나도 서로 데면데면할 뿐 점점 더 불편하고 먼 사이처럼 느껴졌다. 형님은 서울의 변두리에서 작은 슈퍼마켓을 꾸리고 있었고 동생은 지방의 소도시에서 건축업을 하고 있었다.

어느 날 부모님 제사를 지내기 위해 동생 가족들이 형님의 서울 집에 도착했다.

"형님, 집이 아주 좋네요."

형님은 얼마 전에야 그 집을 마련할 수 있었다.

"고맙다. 중간에 사기만 당하지 않았어도…나이 60이 다 돼서야 겨우 내 집을 장만했으니 가족들한테 면목이 없구나. 그래, 너는 어떠냐? 요즘 건설 경기가 안 좋다던데."

"저희는 끄떡없습니다. 걱정 마세요."

동생은 형님이 어려운 듯 조심스레 대답했다. 형님은 그 말에 고개를 끄덕였다.

두 사람을 비롯한 두 가족들은 그렇게 모여 제사 준비를 하고 있었다. 그러는 동안 동생의 휴대전화는 쉴 새 없이 울렸다.

"죄송합니다. 거래처에서 급한 용무가 있어 자꾸 전화가 오네요."

동생은 형님이 신경 쓰는 게 미안한 듯 이렇게 대답하며 진땀을 훔쳤다. 사실 동생의 사업은 어려운 지경에 처해 있었다. 건설 경기가 얼어붙다 보니 거래처에서 대금을 회수하지 못하여 연쇄부도가 일어날 상황이었다. 건축업이라고 해봐야 실은 소규모 하청업체를 운영하는데다 자신도 어딘가에 거래대금을 갚아주어야 하는 빠듯한 처지에서 받을 곳에서 먼저 받지 못하여 발을 동동 구르고 있었던 것이다. 그런 탓에 그는 밤새 깊은 잠을 이루지 못하고 뒤척였다.

제사를 지낸 다음날 일찌감치 집으로 돌아온 뒤에도 동생은 쉴새 없이 동분서주했다. 며칠 후, 그가 지친 몸을 이끌고 집으로 돌아왔을 때 거실에는 사람 키만한 소포박스가 놓여 있었다. 보낸 사람은 다름 아닌 형님이었다. 의아한 마음에 뜯어보니 라면 몇 박스와 두루마리 화장지 몇 묶음, 그리고 식용유 따위 생필품이 가득 들어있었다. 그 중에 흰 종이 편지가 눈에 띄었다.

'…힘든 날이 있으면 좋은 날도 있을 테니 힘 내거라…빚이 절반이 넘지만 집을 옮기느라 이번에도 네게 아무 도움 줄 형편이 못 되는구나…물건들은 대단찮으나 있으면 도움 될까하여 궁리 끝에 보낸다…'

동생의 형편이 안 좋다는 것을 눈치 챈 형님이 보내준 그 물건들은, 돈으로는 도와 줄 형편이 안 되어 고민 끝에 살림에라도 보탬이 되라는 의미였다. 형님의 따뜻한 마음을 전해 받은 동생의 눈에서는 뜨거운 눈물이 흘렀다.

형제는 이렇게 굳이 하소연하지 않았음에도 서로의 처지를 알고 가슴 뜨겁게 소통하였다. 오랜 고생 끝에 집을 마련한 형님에 대하여 진심으로 기뻐하는 것도, 동생의 처지가 좋지 않음을 알아차리는 것도 모두 뜨거운 가족애, 형제애가 없이는 불가능한 일일 것이다.

가족이란 이처럼 애써 말하지 않아도 서로의 형편에 대해 이해하고 공감하게 되는 핏줄로 얽힌 사이가 아니겠는가. 동생은 차마 형님에게 사정을 이야기하지 못하고 돌아가는 걸음이 복잡했다.

자신의 급한 사정을 생각하면 지푸라기라도 붙잡고 싶은 심정이었다. 형님 또한 동생의 처지를 짐작하고 안타까워하며 도와주고 싶었으나 그 역시 여유 있는 형편이 아니어서 마음처럼 선뜻 도와주지도 못하니 괴로웠을 것이다. 고민 끝에 형님은 자신의 능력 안에서 최선을 다하려고 노력했다.

그가 보낸 소포가 동생에게 경제적으로 도움이 되고 안 되고는 문제가 아니다. 그로써 두 사람의 마음이 통했으며 진정 뜨거운 형제간의 소통을 이루었다는 사실이 중요할 뿐이다.

오랫동안 마음의 문을 닫고 소식을 전하지 않았던 동기간이 있는가. 그들에게 지난 긴 시간에 대해 어떻게 이야기할지 어려워서 망설이고 있다면, 아무것도 망설이지 말라. 당신의 목소리를 듣는 순간 모든 것을 이해하고 기쁘게 받아줄 것이다. 가족이니까.

존경받을수록 필요한 것

수많은 관계들 중에서 한 사람의 인생에 중요한 영향을 미치는 특별한 존재가 바로 선생님, 스승이 아닐까. 부모가 가정에서 미처 다 가르치지 못하는 것을 선생님은 학교에서 가르쳐 준다. 그래서 부모와 스승은 한 몸이나 같다고 하는 것이다. 그런데 과연 오늘날에도 스승과 제자의 관계는 예전처럼 의미심장한 것일까. 교육의 현실이 과거와 다르다 보니 학생들에게 선생님은 더 이상 무한 존경의 대상이 아니다. 또한 학생을 대하는 선생님의 태도 역시 변질되고 왜곡되는 경우도 더러 볼 수 있다.

이는 결국 정신적 가치의 변화가 물질적 가치의 변화를 따라가지 못해 일어나는 부조리가 아닐까.

경쟁주의와 첨예한 이기주의의 극점에는 배금주의가 있다. 경쟁도 이기심도 궁극적으로는 배금사상에 기인하는 것이다. 그러다보니 스승과 제자도 한가하게 서로의 관심사나 미래의 꿈에 대해 이야기를 나눌 시간이 부족하다. 손으로 주무르는 대로 모양이 잡히는 밀가루 반죽처럼 감수성이 충만한 나이의 어린 학생들에게도 그의 인격 형성을 위해 고민하고 소통할 시간이 없는 것이 우리 선생님들의 현실이다.

터놓고 대화하고 진정으로 소통한 적이 없으니 사제지간이라도 서로에 대해 아는 점이 없다. 그렇다 보니 서로의 관계는 형식적이고 이해타산적일 수밖에 없는 것이다.

유럽어문학 분야 박사학위 소지자인 L씨는 지방의 어느 대학에서 10년 넘게 시간강사로 일하고 있었다. 그의 꿈은 대학교수가 되는 것이었으나 시간이 흐를수록 그것은 점점 불안한 기대로 변질되어 갔다. 그럼에도 지도교수는 그를 옆에 두고 작지만 꺼지지 않는 희망을 보여주며 용기를 갖게 했다. 그는 그 희망을 소중하게 껴안고 참을성 있게 지도교수의 커피를 타고 논문을 대필하며 한 달에 60~70만 원짜리 시간강사 자리를 지켰다. 몇 년 전에는 다른 곳에 마침 자리가 나서 옮길 기회가 생기기도 했으나 지도교수는 자기가 책임지고 자리 잡아 준다며 붙잡아 앉혔다. 다시 얼마나 시간이 흐른 어느 날, 지도교수가 그에게 이런 제의를 했다.

"영동 쪽 대학에 자리가 하나 났는데, 1억만 있으면 갈 수 있어. 어쩔래?"

"네에─, 1억이요? 아니 무슨 돈을 그렇게나 많이……"

그냥 성실히 덕을 쌓듯 시간을 닦다 보면 지도교수가 추천해 줄 것으로 믿었던 순진한 그로서는 당황스러웠다.

"1억이 부담스럽다고? 남들은 3억이라도 자리가 없어 난리야. 싫음 말고. 지난번 논문은 아직 다 안 끝났나? 다음 주까지는 제출해 달라고 하니까 빨리 좀 마무리해라."

지도교수는 대수롭지 않은 일을 이야기하듯 말하고는 밖으로 나가버렸다.

다음 순간, L씨는 그동안 자신이 한 것은 지도교수의 종노릇이었음을 깨달았다.

그 후부터 지도교수는 노골적으로 그를 멀리했다. 스스로 지쳐서 떨어져 나가주기를 기다리는 것처럼 보였다. 그동안 지도교수가 스승으로서 제자를 아끼는 마음으로 자신을 품어준 것이 아니라 단순한 필요에 의해 쓰고 버리는 소모품 취급을 해왔음을 알아차린 것이다.

그야말로 한 침대에서 자면서도 다른 꿈을 꾼 셈이다. 스승인 줄 알았던 사람은 제자의 앞날을 위해 걱정하고 도와주기보다 자신의 업적과 편리를 위해 철저하게 이용해왔던 것이다. 그런 줄도 모르고 헌신적으로 스승을 도운 제자에게 돌아온 것은 배신감과 좌절감뿐이었다.

이런 동상이몽은 둘 사이에 충분하고 긍정적인 소통이 이루어지지 않았기에 초래된 결과이다. 처음부터 충분한 소통 없이 한쪽이 진짜 의도를 숨긴 채 상대방을 이용하려 들었으므로 이들의 관계는 스승과 제자가 아닌 주종의 관계로 얽혀버렸던 것이다. 최고의 지성이 모인다는 곳에서조차 그처럼 비정하고 추악한 거래만이 생존의 법칙이라면 현실은 너무나 끔찍하지 않은가. 돈으로 제자의 자리를 흥정하는 참담한 상황은 배금주의가 극에 달한 현실이며 소통의 부재가 가져온 필연적인 대가일지도 모른다.

물론 세상에는 위와 같이 극단적인 스승과 제자만 있는 것은 아니다.

서양 문학가들 중, 우리에게도 잘 알려진 플로베르와 모파상도 스승과 제자 사이였다. 우연한 인연으로 모파상이 플로베르에게 문학 수업을 받기 시작하면서 사제의 인연이 맺어졌다. 플로베르는 제자인 모파상에게 '새로운 시선으로 현실을 관찰하도록' 가르쳤을 뿐 아니라 '남과 다른 자기만의 독특한 문체를 갖는 것'이 매우 중요함을 인식시켰다. 이처럼 스승으로부터 '정확하게 보는 법'을 배운 모파상은 정확한 관찰과 표현을 중시하는 자연주의 작가로 성장하게 되었다.

스승인 플로베르는 친분이 있던 에밀 졸라에게 모파상을 소개시켜주기도 하고, 편지를 주고받으며 제자의 문학적 생애에서 매우 중요하고 의미 있는 역할을 담당했다. 결과적으로 플로베르 같은 스승이 없었다면 모파상은 그처럼 훌륭한 작가로 성장하지 못했을지도 모른다.

이처럼 진정한 스승과 제자는 시간이 흐른 뒤에도 영원히 서로에게 특별한 존재이면서 본받아야 할 존경의 대상으로 새겨지게 마련이다. 스승은 제자의 발전을 위하여 관심을 쏟으며, 제자 역시 그 가르침에 성실하고 진지하게 응답하며 진정으로 서로 소통하기 위해 애쓰는 관계가 참된 사제의 모습이 아니겠는가.

그러므로 세상의, 더 많은 훌륭한 스승님들이 존경받을수록 당신의 제자들을 위해 고민하고 소통하고자 애쓰는 것이 진짜 우리의 현실일 것이다.

잠시 바빠서, 당신의 제자가 지금 어떤 일로 고민하고 있는지, 꿈이 무엇인지 미처 돌아보지 못했다면 이제라도 그의 이야기를 들어주길 바란다. 조금씩 멀어지고 외면하다 보면 어느새 한달음에 뛰어 넘기엔 그 거리가 너무 멀어져 버릴지도 모르기 때문이다.

대화하지 않는 부부는
원수가 된다

인간의 수많은 관계 중에서 가장 가까운 것이 부부관계이다. 부모와 자식은 1촌이지만 부부는 무촌이라고 하니, 촌수로도 따질 수 없는 사이로 이해할 만하다. 태어날 때는 완전한 남남이었으나 백년가약이라는 인륜지대사를 거쳐 서로에게 세상에 둘도 없는 '오직 하나 뿐인' 사이로 거듭나는 것이다.

그렇게 가까운 사이인 부부 사이가 원만하게 유지되기 위해 필요한 것이 바로 의사소통이다. 아무리 오랜 시간 연애를 하고 한 이불을 덮는 사이가 된다 해도 각자가 살아온 세월만큼이나 서로는 다른 점이 있게 마련이다. 그러므로 서로의 다름을 이해하고 적응하기 위해 끊임없는 소통의 노력이 필요하다. 그러다 세월이 10년 20년 지나면 어느새 두 사람은 얼굴 표정 하나까지 닮아있는 것을 발견하게 된다. 그들은 이렇게 이야기한다.

"남편이 무슨 생각을 하는지 표정만 보면 알아요."

"아내는 내 얼굴만 보고도 내가 거짓말을 하는지 아닌지 금방 알아차려요."

서로에 대해 훤히 꿰뚫어보게 되기까지 두 사람에게는 대화의 시간뿐 아니라 엄청난 갈등과 고민의 나날도 있었을 것이다. 그러나 모든 삶의 질곡을 함께 넘어선 뒤에 느끼는 일심동체의 감흥은 완전한 소통을 이룬 부부에게나 가능할 것이다.

왜냐하면, 정작 세상의 수많은 부부들이 함께 살기 시작하면서부터 죽을 때까지 크고 작은 다툼을 이어가기 때문이다. 그것은 바로 서로 다른 문화 속에서 살아온 차이에서 비롯한다. 부부는 사는 동안 그것을 극복하기 위해 대화와 소통의 노력을 기울인다. 그럼에도 둘 사이의 간극은 결코 단숨에 좁혀지지 않을뿐더러 소통의 노력이 효과적이지 못할 경우, 갈등의 골은 더욱 깊어지고 급기야는 돌이킬 수 없는 결과로 치닫기도 하는 것이다. 그리하여 하루아침에 남남이 되어 돌아설 수 있는 관계가 또한 부부사이 아닌가.

40년을 함께 살아온 70대 노부부가 있었다.

남편은 가부장적인 성향의 경찰공무원 출신으로, 결혼생활 내내 봉건적이고 권위적인 방식으로 가정을 이끌어왔다. 그러는 동안 비교적 자유로운 사고방식의 아내와는 성격 차이로 자주 갈등을 빚곤 했다.

"도저히 대화가 안 되네. 이렇게 하라면 해! 남편 말이 말 같지 않아?"

남편이 사소한 일로 이렇게 언성을 높이면 아내도 지지 않고 대꾸했다.

"답답한 건 나예요. 내가 당신 종이예요? 왜 말끝마다 이래라 저래라 하는 거예요?"

그러던 중 6~7년 전부터는 남편이 아예 직접적인 대화를 포기한 채 메모지를 통해 아내에게 명령을 내리기 시작했다. 그러자 아내 또한 메모지로 답을 하며 살아왔다.

남편 '오늘저녁은 밖에서 먹고 올 것임'
아내 '맘대로 하든지.'

그뿐 아니라 남편은 메모지에 시장에서 살 품목 및 가격을 일일이 정하는 것은 물론, 요리법까지 지시하는 등 비인간적인 방법으로 아내를 통제하였다.

내일 저녁 반찬거리 살 것 : 조기 2마리–8000원.
말린 멸치 1봉지–7000원,
땅콩과 함께 볶을 것.

그럼에도 아내는 참고 견디었으나, 몇 년 전에는 자신이 원하는 반찬을 내놓지 않았다는 이유로 남편은 폭력을 행사하기에 이르렀다. 몇 년째 메모지로 통제받는 것도 기가 막힌 데다 이제는 맞기까지 한 아내는 더 이상 참지 못하고 집을 나가버렸다. 결국 이들의 결혼생활은 이혼으로 종지부를 찍게 되었다.

왜 이런 일이 벌어지게 되었을까. 한두 해도 아니고 40년 가까이 함께 살았으면서도 이토록 서로를 이해하지 못하고 받아들이지 못한 원인은 무엇일까. 어느 한 쪽이 지나치게 가부장적이고 일방적 의사소통에 익숙한데 비해 상대방은 그렇지 않다면 서로 대화를 이어 나가기가 쉽지 않을 것이다. 부부가 아무리 일심동체라 해도 근본적으로 다른 생각이나 가치관을 어느 한 쪽에 무조건 강요하는 것은 지나치다. 그럼에도 남편은 자신의 성향대로 아내를 통제하려 들었으므로 화근이 되었다. 이들 노부부는 오래 함께 살기는 했으나 서로에 대한 진정한 이해와 소통은 제대로 이루어진 적이 없었던 것이다.

어느 해 3월 14일, 화이트 데이를 맞은 30대 부부가 있었다. 그들은 함께 고깃집에서 술과 함께 저녁을 먹고 귀가하게 되었다. 오랜만에 맛보는 남편과의 데이트에 기분이 좋아진 아내가 남편에게 말했다.

"자기야, 우리 분위기 좋은 데 가서 차 한 잔 마시고 가자. 응?"

그러나 남편은 빨리 집에 가서 쉬고 싶은 마음에 아무 생각 없이 거절해버렸다.

"그냥 집에 가자. 나 피곤해."

단칼에 거절당한 아내는 자신의 기분도 몰라준 남편이 야속한 생각에 집에 돌아와서도 화가 풀리지 않았다. 그래서 남편이 방으로 들어간 뒤, 베란다에 있던 화분들을 집어던지며 혼자 분을 삭이기 시작했다. 그때 이상한 소리에 거실로 나왔다가 그런 광경을 목격한 남편도 화가 나서 아내의 따귀를 갈기며 언성을 높였다.

"이게 어디서 행패야?"

"뭐라고? 너야말로 어디서 행패야? 지금 누굴 때리는 거야!"

그 순간 더 이상 분을 참지 못한 아내는 흉기를 집어 들고 남편에게 달려들었다.

여느 때와 다른 기분 좋은 날, 두 사람은 비극으로 서로의 인생을 망치고 말았다. 특별한 날의 흥겨움을 좀 더 누리고 싶었던 아내의 마음을 몰라준 남편에 대한 서운함이 일으킨 사고였다. 그것은 돌이킬 수 없는 일이 되고 말았다.

두 쌍의 부부 모두 상대방과의 원만한 소통이 끊기자 이내 남보다 못한 원수지간이 되고 말았다. 40여 년간 가부장적 사고방식으로 아내의 역할마저 통제하는 남편이나, 젊은 아내가 오랜만에 기분 좀 내자는 부탁에도 한마디로 거절하는 남편 모두 상대방의 마음을 이해하고 배려하는 마음이 부족했기 때문이다. 아내들은 남편에게 존중받지 못한다는 자괴감을 느꼈을 것이다. 그것은 모두 소통의 부족에서 비롯되었다. 서로에게는 같은 점보다 다른 점이 훨씬 많으며 그것을 극복하기 위해 서로에 대한 끈질긴 이해와 소통의 노력이 필요하다. 두 남편들은 그것을 간과했다.

당신의 배우자가 던지는 무심한 한 마디에도 깊은 의미가 담겨있을 수 있다. 무심코 상대방의 말에 별 뜻 없이 반대했거나 무시했던 적은 없는지, 한번 반성해보는 것은 어떤가.

당신의 배우자 역시 자신과는 다른 사람이라는 사실을 명심한다면 다른 점을 인정하고 이해하기 위해 노력할 수 있을것이다.

따스한 한 마디 말을 건넴으로써 오늘 그 소통이 시작될 수도 있다.

상처를 감싸주고 위로하기

　　　　　　　　　　사람들은 일상생활 속에서 늘 누군가
와 소통을 하고 있다. '사회적 동물'이라고 정의 내려진 인간에게 언어
를 매개로 한 의사소통이야말로 그 정의에 가장 부합되는 행위가 아
닐까.

　그렇다고 해서 모든 이들이 타인과 의사소통에 아무런 문제가 없
는 것은 아니다. 사람들 중에는 의외로 타인들과 소통하는 데 적잖은
어려움을 느끼고 심지어는 그런 상황 자체를 매우 고통스런 경험으로
인식하는 경우도 있기 때문이다. 평범하고 긍정적인 대인관계를 유
지하던 사람들도 뜻밖의 상황에서 자신의 의사소통 의지가 꺾이는 경
험이 반복되거나, 강제된 상황에서 인간으로서의 존엄성조차 짓밟히
는 경험이 되풀이될 때는 인간에 대한 신뢰를 잃고, 나아가서는 환멸
감에 빠져들기도 한다.

　그런 경우, 대인관계에서 심각한 기피현상을 보이게 된다. 물론 대
부분 그것을 이겨내려 노력하지만 때로는 극복하지 못하고 더욱 함몰
되는 경우도 있다. 그럴수록 누군가와의 소통이 가장 절실함에도 불

구하고 절대적인 소통부재로 치닫는 것이다.

　상진 씨는 대학교 1학년 때 우연히 다단계 판매 업체에 발을 들이게 되었다. 순수 청년이었던 그는 동아리 선배의 "내 손으로 학비를 마련할 수 있다"는 감언이설에 현혹되었던 것이다. 세상 물정에 밝을 리 없는 대학 신입생에게 선배는 나이와 사회적 경험에 상관없이 누구나 원한다면 큰돈을 쉽게 벌 수 있다며 꼬드겼다. 시작은 그저 '학비만이라도 내 손으로 벌 수 있으면 좋겠다'는 생각이었으나, 그로부터 그는 헤어 나올 수 없는 구렁텅이에 빠져들고 말았다.

　강제로 집단 합숙소에 감금되는 것을 시작으로 아는 사람을 총동원하여 한 세트에 수백만 원씩 하는 건강식품, 자석 매트 따위를 팔아 오도록 강요받았다. 그는 혼란스러웠으나 다단계 판매 조직은 견고하고 치밀했으며 누구도 빠져나올 수 없는 미로처럼 아득했다. 탈퇴를 위한 하소연이나 애원은 공염불에 불과했고 누구도 그의 말에 귀 기울이지 않았다.

　그곳은 진정한 대화나 소통이 부재하는 억압된 공간이었다. 누군가 지시하고 명령하면 그것을 따르는 일만 가능했다. 세상과 단절되다시피 통제된 채로 24시간 동안 이어지는 교육과 감시의 눈길을 피해 겨우 부모님께 연락을 취하고 탈출하기까지 무려 2년여의 시간이 걸렸다.

　"아버지, 여기 ××동 528번지예요. 제발 구해주세요…"

　길게 하소연을 할 수도 울먹일 수도 없는 다급한 상황 속에서 그의

SOS는 자식을 기다리다 지친 아버지의 가슴에 비수처럼 꽂혔다. 얼마 후, 경찰과 함께 들이닥친 아버지의 손을 잡고서야 마침내 그는 돌아올 수 있었다.

집으로 돌아가기만 하면 모든 것이 예전처럼 순조로울 것만 같았다. 다시 열심히 공부를 하고 졸업하여 부모님께 효도하는 일만 남았다고 생각했다. 그러나 그것은 헛된 바람에 불과했다. 자신의 청춘을 저당 잡힌 지난 시간 동안 그에게 새겨진 것은 신용불량자의 낙인이었고 가족들의 고통 또한 이루 말할 수 없는 것이었다.

그로부터 그는 죄책감과 절망감으로 방황하기 시작했다. 앞으로 얼마나 오랜 시간이 걸려야 갚을 수 있을지 모르는 천문학적인 액수의 빚이며, 자신 때문에 고초를 겪은 가족들에 대한 미안함이 천근만근의 무게로 느껴졌다.

예전에는 누구보다 밝고 건강한 젊은이였던 그는 점점 말문을 닫고 자기만의 세계로 들어가기 시작했다. 세상사람 누구도 믿지 못하게 되었고 거리에 나가는 것조차 두렵고 불안한 일이 되어버렸다. 자신을 감금했던 다단계 판매 업체 사람들이 여전히 자신을 잡으러 돌아다니고 있다는 사실만으로도 밤이면 잠을 이룰 수 없을 정도의 공포에 시달렸다. 학교에 다시 다니는 것도, 친구들을 만나는 것도 그에겐 꿈같은 일이었다. 현실과의 괴리감에 좌절할수록 그는 방안에 처박힌 채 몇 달씩 꼼짝도 하지 않았다. 나날이 우울과 절망과 공포심만이 그의 가슴속에서 하늘을 찌를 듯 불타올랐다. 삶에 지친 가족들 역시 그의 내면에서 어떤 일이 벌어지는지 돌아볼 여력이 없었고 아무런 기대도 대화도 원치 않게 되었다.

그렇게 몇 년이 흐른 어느 날 오후에도 홀로 방안에 처박혀 있던 그에게 초인종 소리가 들려왔다. 처음엔 무시했다. 그냥 돌아가겠지, 하는 그의 기대와 달리 벨소리는 더욱 집요하게 울려댔다.

귀를 틀어막고 이불을 뒤집어써도 그 소리는 점점 더 크게 파고들었다. 머리가 터질 듯한 고통을 더 이상 참지 못한 그가 순식간에 문을 박차고 뛰어나갔다. 그리고 시골 할머니가 보낸 택배 물품을 들고 왔다가 막 돌아서던 남자의 등에 칼을 꽂고 말았다.

아무리 건강한 사람이라도 견디기 힘든 경험 이후에 다시 예전으로 돌아가기란 쉽지 않다. 더구나 이처럼 자기만의 세계에 갇혀버린 뒤에는 더욱 현실로의 복귀란, 건널 수 없는 강 너머의 일이 되어버린다. 현실로부터 멀어지면서도 한편으로는 자신이 도망쳐온 관계와 세상에 대한 그리움이 남기 마련이다. 그러나 그것은 결국 현실에 대한 불만으로 변질되고 왜곡되기 시작한다.

그렇다 한들 평범한 청년이 이유 없이 타인을 해코지하는 지경에까지 이른 원인이 오로지 '다단계 판매에 관한 나쁜 추억' 때문이었을까? 물론 그것이 직접적인 원인이기는 하지만 그보다 관심을 가져야 할 것은 바로, '소통의 부재'이다. 상처 입은 그에게 진정으로 필요한 것은 주위의 관심과 소통의 노력이었다.

그렇게까지 곪아터지기 전에 먼저 손을 내밀고 세상에 대하여 마음의 문을 닫아걸지 않도록 누군가의 도움이 절실했다. 상처를 극복하는 일은 결코 혼자만의 힘으로는 불가능하기 때문이다. 하지만 가족들도 도움이 될 수 없었다. 그들 역시 오랫동안 고통을 당해왔으므로 몸과 마음이 지쳐 있었고 마찬가지로 도움이 필요한 상태였기 때문이다.

힘들고 절망적인 상황 속에서도 그의 가족들, 혹은 친구들, 그의 상처를 아는 그 누구라도 조금이라도 관심을 가져주었더라면 그런 결과까지 가지는 않았을지도 모른다.

주변을 돌아보라. 혹 내가 무심하게 지나친 가까운 이들 중에 상처와 두려움으로 자기만의 방으로 숨어들기 시작한 사람은 없는가. '난 누구에게 도움을 줄 수 없어. 내가 어떻게 그런 일을 해?'라는 생각으로 포기하지 말고 먼저 그의 마음에 노크하라. 그 노력을 상대가 알아차릴 때까지. 어쩌면 번번이 외면당할 지도 모른다. 그러나 진심을 가지고 다가간다면 머지않아 빗장 푸는 소리가 들릴 것이다.

따스한 햇볕이 옷깃을 열게 한다는 사실을 기억하라. 소통하기 원한다면 먼저 위로하고 보듬어라.

대화가 필요해

천륜이란 '부모와 자식 간에 하늘의 인연으로 정해져 있는 사회적 관계나 혈연적 관계'이다. 쉽게 말해 사람이 원한다고 해서 무 자르듯 끊고 남남이 될 수가 없다는 말이다. 태어날 때부터 이어져 있으니 아무리 용빼는 재주가 있다 해도 그 관계는 훼손될 수가 없다. 그럼에도 살다 보면 남보다도 못한 부모와 자식이 있기도 하다. 아무리 해도 끊을 수 없는 고리를 끊으려는 듯 보이는 그들은 왜 그렇게 되었을까. 그 또한 결국 소통의 문제이다.

대체로 문제가 있고 가족 간의 갈등이 표출되는 가정의 이면을 들여다보면 그들 사이에는 언제부턴가 최소한의 대화도 끊어진 지 오래된 경우가 흔했다. 물론 '가족인데 꼭 말로 해야 하나?'라고 반문할지도 모른다. 그러나 말하지 않아도 충분히 이해할 수 있는 부분이 있는가 하면 늘 붙어살아도 꼭 말이 필요한 경우도 분명히 있다. 그래서 가족 간의 대화가 중요하다. '동상이몽'이라는 말처럼 한솥밥을 먹고 한 지붕 아래 살아도 서로 대화하지 않으면 이해할 수 없기 때문이다.

언젠가 뉴스에는 끔찍한 사건이 보도되었다. 그것은 중학생 아들이

나는 왜 인간관계가 힘들까?

집에 불을 질러 어머니와 아버지를 비롯한 온 가족을 사망에 이르게 한 사건이다. 가끔 부모 자식 간의 불화로 인해 발생하는 문제가 이슈가 되긴 했으나 이처럼 심각한 사태를 초래한 경우는 흔치 않았다.

이 사건의 동기는 바로 중학생 아들과 아버지와의 불화, 대화부족이었다. 아버지와 아들의 관심사가 매우 달랐음에도 그것을 해결하려는 의지도 소통에 관한 노력도 부재했다. 그것이 한 집안의 비극을 불러왔다. 아버지는 아들이 판사나 검사가 되어 자신에게 자랑거리가 되어줌으로써 대리만족을 얻고자 했다. 그러나 아들은 춤과 음악이 인생의 전부였으면 좋겠다고 할 정도로 푹 빠져있었다. 서로의 꿈에 대한 이해가 이렇게 다르다 보니 부자간의 불화는 소통할 수 없는 지경으로 치달을 수밖에 없었던 것이다.

이 사건에서 문제의 발단은 누구일까. 아들일까? 바로 아버지였다. 대부분의 가정에서 자녀와의 갈등을 겪는 원인은 주로 부모 쪽이다. 부모의 지나친 욕심이 자녀의 꿈과 희망을 무시하고 자신들이 원하는 쪽으로만 다그치기 때문이다. 자녀가 공부에 흥미를 보이고 스스로 큰 목표를 설정하고 나아가길 원한다면 모를까, 취미도 흥미도 없는데 무조건적으로 부모가 정한 목표만을 강요한다면 위와 같은 불행은 남의 일이라고 간단히 말할 수 없을 것이다.

그러므로 남보다 경쟁에서 이기기만을 강요하고 가르치기보다 부모로서, 자녀의 적성과 꿈에 대해 관심을 갖고 용기를 북돋워주는 노력이 필요하다. 일등이 되는 방법이 아니라 꿈을 향해 달려가는 과정에서 넘어지고 쓰러지더라도 포기하지 않고 다시 일어설 수 있는 능력을 길러주어야 한다. 그러기 위해 필요한 것이 부모와 자녀 간의 충분한 대화, 소통이다.

날마다 가방 들고 나갔다 들어왔다 하니 학교에 잘 다니는구나, 하고 말 것이 아니라 학교에서는 어떤 일이 있었는지, 공부하며 힘든 점은 없는지 관심을 갖고 대화를 해야 한다. 그렇다고 해서 마치 추궁하고 캐묻듯이 대한다면 그것은 오히려 역효과를 낳을 수도 있다. 부모가 자녀에게 대화를 시도하는 것은 잘못을 캐기 위함이 아니라 그 자신을 이해하고 소통하기 위함이라는 뜻을 먼저 충분히 전해야 한다.

이제는 방안에 몰아넣고 공부만 하라고 해서 묵묵히 듣는 아이들은 없다. 아이들은 부모의 꿈을 대리만족 시켜 주기 위해 존재하는 아바타가 아님을 분명히 인식한다면 위와 같은 끔찍한 부모도 끔찍한 자녀도 더 이상 없을 것이다.

반대로, 자녀 쪽에서도 부모가 먼저 말을 걸어오기를 기다릴 것이 아니라 부모의 마음을 이해하려는 노력이 필요하다. 보통 부모와 20~30년 정도의 세대차이가 나지만 예전의 시간개념과는 그 변화의 속도가 다르므로 요즘의 자녀들이 느끼는 부모와의 세대 차이는 훨씬 클 수도 있다. 그럼에도 부모세대의 문화와 가치관 등을 이해하려는 노력도 필요하다. 그것은 잦은 대화와 소통으로 가능하다. 처음엔 부모의 생각을 도무지 이해할 수 없더라도 자주 대화를 나누고 상대의 입장에서 들으려고 노력하다 보면 이해의 폭이 넓어질 것이다. 그럼으로써 부모와 자녀는 소통에 이르게 된다.

서로에 대한 이해가 이루어지기 시작하면 감정을 표현하고 공감하는 일도 훨씬 수월해질 것이다. 자녀의 잘한 일에 대해서는 그냥 '잘했구나'하고 지나칠 것이 아니라 "잘했다"하고 인정과 격려의 말을 직접 전하는 것, 힘든 상황 속에도 자녀를 위해 애쓰는 부모에 대해서도 서투르지만 "사랑해요, 감사합니다"라고 말하는 것 등은 모두 사소해 보이지만 커다란 울림을 주는 표현이다. 그것은 서로의 마음이 통하기 시작하는 소리임에 틀림없다!

오늘, 자녀가 혹은 부모님이 당신을 섭섭하게 했다고 마음에 담아 두고 있었다면 되돌아보라. 나의 이해 부족으로 상대방이 서운하지는 않았을까. 당신이 먼저 그에게 전화하라, 그리고 그의 입장에서 바라보는 연습을 시작하라. 아직 소통할 시간은 남아 있다.

가상세계에서 벗어나기

어떤 한 가지에 몰입하여 헤어 나오지 못하는 부정적인 상태를 '중독'이라고 한다. 약물에 깊이 의존하는 약물중독 혹은 컴퓨터 게임에 빠져서 정신적 육체적으로는 물론 물질적으로 심각한 곤란을 겪게 되는 게임중독이 그 대표적인 예라 할 수 있다. 한번 잡으면 스스로 멈추지 못하고 계속 하고 싶은 의존성과 내성을 동반하는 현상이 보이면 심각한 중독이다.

이렇게까지 상태가 진행되고 나면 혼자서는 쉽게 그 수렁에서 벗어날 수 없다. 가족들과 주위의 도움이 절실히 필요한 상태가 되는 것이다. 특히 게임중독은 대인관계의 부적응에서 비롯되는 경우가 많다. 청소년들의 경우 왕따, 혹은 학습부진 등으로 학교생활에 적응하지 못하고 혼자 겉돌다가 컴퓨터 게임에 빠져들게 된다.

또는 입시 교육에 지친 청소년들의 경우에도 스트레스를 풀기 위해 온라인이라는 가상의 공간에서 게임에 몰입한다. 자신이 누구인지 모르게 닉네임으로 통하는 세계의 가면 뒤에서 억압된 정서를 투사함으로써 '정서적 투사 효과'를 얻는 것이다.

게임에 중독되면 대인기피증, 사회공포증, 불안장애는 물론 섭식장애 등을 겪기도 한다. 그럼으로써 갈수록 사회적응에 실패하고 범죄의 유혹에도 쉽게 빠진다. 게임중독은 일종의 '충동 조절장애'로서, 자신이 원하는 것이 즉각적으로 충족되지 않으면 그것을 얻기 위해 폭력적으로 행동하는 경향이 있다.

이처럼 게임에 중독되면 충동 조절이 쉽지 않고 현실 감각을 잃기 쉬우므로 현실세계 속 친구나 가족들의 지속적인 소통과 격려가 필요하다.

5년 전 이혼한 어머니와 둘이 살던 고등학생 J군은 겉으로는 평범했으나 혼자 있는 것을 좋아하는 내성적인 청소년이었다. 어머니가 자신의 교육비와 생활비를 벌기 위해 밤낮으로 직장에 다니기 때문에 그는 집안에서 거의 혼자 지내야 했다. 그러다 보니 혼자 있는 시간을 익숙하게 견디는 방법을 일찍 터득하게 되었다.

학교에서 돌아오면 가방도 풀지 않은 채 컴퓨터 게임에 매달려 있곤 했다. 그 시간이 점점 길어져서 최근에는 어머니가 돌아온 이후에도 새벽녘까지 손을 떼지 못하게 되었다. 오랜 시간 동안 게임을 하고 나면 J군은 온몸의 진이 다 빠져나간 듯 쓰러져 잠이 들곤 했다.

어느 날 새벽 5시경 잠이 깬 어머니가 불 켜진 아들의 방문을 열어 보고는 놀라며 말했다.

"애, 컴퓨터를 밤새도록 붙들고 앉아 있는 거니? 잠은 자야 학교를 갈 거 아냐?"

어머니가 핀잔을 주자 아들은 모니터에서 눈을 떼지도 못한 채 짜증스레 소리쳤다.

"시끄러워! 정신없어 죽겠는데 왜 잔소리야?"

평소에 아들은 더없이 착하고 순한 아이였는데 컴퓨터 앞에서는 매우 예민해져서 폭언도 서슴지 않았다. 그 모습에 어머니는 당황했다.

"지금이 몇 시야…그동안 혼자 지내면서 늘 이런 식이었니? 세상에……"

뒤늦은 깨달음에 어머니는 한숨만 토할 뿐이었다.

아들이 게임중독에 빠진 것을 알게 된 어머니는 그로부터 인터넷을 끊거나, 컴퓨터 본체를 없애버리거나 호되게 야단을 치기도 했으나 아무런 소용이 없었다. 그럴수록 아들은 더욱 거칠고 폭력적으로 대응했다.

"빨리 돈 내놔. PC방에라도 가게 돈 내놓으라고!"

그러면서 손에 잡히는 대로 물건을 집어던지기도 했다. 끝까지 어머니가 거절하면 지갑을 빼앗아 도망치기도 했다. 어머니가 자신의 게임중독을 알아차린 뒤로는 아예 학교에도 가지 않으려 했다.

"그깟 학교 가면 뭐해? 다들 나하곤 안 통해. 게임 속 세상에서 나는 인정받는 파이터란 말이야! 레벨 떨어지기 전에 빨리 게임해야 된단 말이야. 쌍, 컴퓨터 빨리 사와!"

아무도 없는 집에서 혼자지낼 때는 둘도 없는 친구였던 컴퓨터가 어느덧 아들을 끔찍한 중독자로 만들어버린 것이다. 어머니는 너무

나는 왜 인간관계가 힘들까?

나도 변해버린 아들 앞에서 후회의 눈물을 쏟았지만 이미 너무 먼 길을 와버린 뒤였다.

언젠가는 컴퓨터 게임을 하지 말라고 야단치는 어머니와 다투던 중학생이 어머니를 살해하고 자신도 스스로 목숨을 끊는 사건이 발생하기도 했다. 그 역시 평범한 학생이었으나 컴퓨터 게임을 할 때는 다른 사람처럼 폭력적으로 돌변했다는 가족들의 증언이 있었다.

이 가정 역시 이혼한 어머니와 남매가 가족의 전부였다. 물론 모든 맞벌이, 조손, 편부모 가정의 자녀들이 다 그런 것은 아니지만, 대체로 가족 간의 관계가 긴밀하지 않거나 원만하지 않을 경우 부모와 자식 간의 의사소통에 문제가 생기고 결국 게임중독 자녀가 발생하기 쉽다. 이들 가정은 자녀와 부모의 소통이 원만하지 않음으로써 심각한 갈등을 빚거나, 생활고를 해결하는 일에 더욱 바빠 가족들이 서로를 돌아볼 시간이 부족한 데서 문제가 비롯된다.

물론 컴퓨터 게임에는 부정적인 효과만 있는 것은 아니다. 지나치지 않는 이상 여가활용이나 스트레스 해소 등의 효과가 있으며 다양한 사회교육 프로그램과 연결하여 개발할 경우 공익적인 효과를 극대화할 수 있는 것도 사실이다. 중요한 것은 도를 지나치지 않는 사용자의 인식이다. 가정 내에서 부모와 자식 간의 소통이 단절된 자리에 대안으로 컴퓨터 게임이 끼어들어서는 안 된다. 어려운 상황이라 하더라도 자녀의 학습과 여가활동에 늘 관심을 가지고 대화를 통해 서로의 문제를 해결하려는 부모의 노력이 선행되어야 한다.

대화가 되지 않는다고 해서 가족끼리 등을 돌린 채, 무조건 사이버 세계에 빠져드는 것은 결코 문제 해결의 방법이 아니다.

당신의 자녀뿐 아니라 혹 당신도 컴퓨터 게임의 재미에 빠져 허우적거리고 있지는 않은가. 한판 더 하고 싶을 때 과감하게 종료 버튼을 눌러라. 그리고 친구나 동료, 가족들과 전화 한 통 하는 것은 어떤가. 인간과 인간의 소통이야말로 어떤 게임보다 인간적이지 않은가.

남녀 간의 소통, 마음을 훔쳐라

　　수많은 사회적 관계들 중에서도 한 남자와 한 여자가 서로를 특별한 이성으로 받아들이게 되는 과정에는 좀 더 특별한 소통의 매뉴얼이 필요할지도 모른다. 그것은 〈화성인과 금성인〉이라는 특별한 별칭을 이해한다면 좀 더 쉬울까. 그냥 하루에도 수없이 자신의 곁을 지나치던 사람들 중 하나에 불과했던 남자, 혹은 여자가 어느 날 뜻밖의 마주침에 의해 남다른 관계 속으로 얽혀 들어간다. 그리고 어느새 하루도 못 보면 눈에 가시가 돋을 것 같은 경지에 이르기까지 두 사람은 끊임없이 소통하는 것이다. 어느덧 세상 누구보다 상대방에 대해 잘 안다고 생각하게 되지만 한편으로는 '도무지 알 수 없는 게 저 사람(남자 혹은 여자)'이라고 고개를 젓기도 한다. 남자와 여자는 끊임없이 완전한 소통을 위해 노력하지만 어쩌면 그것은 하나의 점으로 만나기 위해 달려가는 영원한 평행선일 지도 모른다.

　　남자와 여자의 완전한 소통은 왜 어려운 것일까.

　　그것은 소통, 즉 커뮤니케이션에 대하여 인식하는 개념이 태생적으로 다르기 때문이다. 어떤 말을 건넬 때, 여자는 그 말에 대하여 대답을 듣기보다는 그 말을 건네는 자체에 의미를 두며, 자신의 마음을 상대가 알아주기를 바란다. 반면, 남자는 말을 건넨 사람의 생각이나 감정보다는 그 말이 어떤 정보를 갖는지에 더 관심을 갖는다. 즉, 남자는 말(또는 대화)을 구체적인 정보 전달의 수단으로 이해하고, 여자는 자신의 관심과 의도를 표현하기 위하여 활용하는 것이다. 이러한 서로의 이해가 부닥치는 지점에서 남자와 여자의 소통은 난관에 봉착하게 된다.

한창 물오른 연애를 하고 있는 남녀가 있었다. 그들은 한시라도 떨어지기 아쉬운 마음을 안고 하루하루를 지내고 있었다. 퇴근 후에는 날마다 데이트를 하는 것은 물론 떨어져 있는 동안에도 수시로 전화를 하거나 문자메시지를 주고받는다. 두 사람은 세상에 둘밖에 없는 것처럼 행복했고 그들의 사랑은 영원불변할 것만 같았다.

- 자기야, 오늘은 점심때 뭐 먹었어?
- 오늘 내 생각 얼마나 했어?
- 지금 뭐하고 있어? 사랑해.
- 나 오늘 닭발 먹고 싶은데~

여자는 수시로 이렇게 휴대폰 문자메시지를 날렸다. 처음엔 남자도 여자의 궁금증에 성실하게 답변해주었다.

– 응, 갈비탕 먹었어. 자기도 맛나게 먹었어?

　– 서류뭉치에 가득한 글씨 하나하나마다 자기 얼굴이 보일 정
　　도로 생각하지. 사랑해.

　– 지금 이사님이 갑자기 들이닥쳐서 정신없어.

　그러나 시간이 지날수록 남자는 그렇게 시도 때도 없이 날아오는 여자의 문자메시지가 늘 반갑지만은 않았다. '이따가 만날 텐데 왜 자꾸 문자질이야'하는 생각도, 바쁠 때는 한 번씩 들기 시작했다. 어느덧 남자는 여자의 무수한 메시지에 무덤덤한 지경에 이르렀다. 그러자 여자 쪽에서는 서로의 애정에 문제가 생겼다고 여기기 시작한다. 몇 번인가 남자에게 문자메시지를 '씹히는' 충격을 견디다 못한 여자가 어느 날 따지고 들었다.

　"자기 왜 그래? 처음에는 내가 문자 보낼 때마다 열심히 답장하더니 요샌 왜 그래?"

　남자가 시큰둥하게 대답했다.

　"뭐 만날 똑같은 소리니까 그렇지. 밥 먹었냐 안 먹었냐, 내 생각하냐 안 하냐…… 그걸 꼭 물어봐야 알아? 꼭 대답을 해야 아냐고?"

　"꼭 대답을 들으려고 하는 건 아니야. 그래도 몇 번에 한 번은 제대로 답을 해줘야지. 내가 자기를 얼마나 생각하는지 왜 몰라?"

　별것도 아닌 일로 여자가 억지를 부린다고 생각한 남자는 답답한 듯 말했다.

"모르긴 뭘 몰라, 알지. 아는 걸 왜 자꾸 물어보냐 이거지. 정작 자기 때문에 중요한 메시지를 못 받으면 어떡할 거야? 넌 꼭 할 말이 있어서 하는 게 아니잖아?"

"뭐라고? 내가 보내는 문자는 중요하지 않다 이거야? 기가 막혀! 어떻게 사람 마음을 그렇게 몰라 줄 수가 있어?"

화가 난 여자는 자리를 박차고 일어났다. 그러나 남자는 여자의 태도가 뜻밖이라고 생각할 뿐 자신이 뭘 그렇게 잘못했는지 알 수 없다.

여자는 사소하고 반복적으로 보이는 메시지라도 날마다 자신의 마음을 담아 전하고 있었던 것이다. 굳이 성실한 답변이 아니어도 그가 자신의 마음을 알아주는 표현을 바랐다. 그러나 남자는 반복되는 메시지에서 더 이상 특별한 정보를 찾을 수 없었으므로 중요도를 낮게 두기 시작한 것뿐이다.

물론 남자와 여자가 일부러 의도적으로 각자 구분을 지어 인식하는 것은 아닐 것이다. 태생적으로 남자가 객관적이고 논리적인 측면이 강한 반면 여자는 감성적이고 주관적인 감정에 가치를 두는, 서로 다른 가치체계를 가지고 있음에 기인하는 것뿐이다. 그런 차이로 인해 같은 메시지를 다르게 해석한다 해서 어느 누구의 잘못이라고 할 수는 없는 노릇이다. 그러므로 그러한 차이를 넘어 남녀가 진정으로 소통하기 위해서는 각자 서로의 특성을 좀 더 이해하고 긍정적으로 바라보는 노력이 필요할 것이다.

서로 인식의 특성을 이해한다면 적당히 서로의 관점에서 조율할 수 있고, 두 사람은 충분히 다시 소통하게 될 것이다.

　단순히 말이 통하는 것도 아니요, 잠깐 마음이 통했다고 해서 완전한 소통이 이루어졌다고 할 수도 없다.

　자신과 다른 상대방의 특성까지도 이해하고 받아들이려는 진정성이 전달될 때 당신도 비로소 그의 마음을 훔치는 궁극적인 소통에 이르게 될 것이다.

Chapter

02

상대의 마음을
여는 화법

아무도 모르는 죽음, 고독사

당신에게는 몇 명의 친구가 있습니까?

형제자매들과는 1년에 몇 번이나 만나고 연락을 합니까?

한창 왕성하게 사회활동을 하는 연령대의 사람들에게는 특별할 것 없는 이 질문이 어떤 이들에게는 무척 당혹스럽고 대답하기 어려운 것일 수도 있다.

그들은 휴대폰에 저장된 타인의 연락처가 0이거나 일 년에 한 번도 일가친척이 찾지 않는 외로운 이들이다. 그들도 한창 시절에는 밤낮없이 바쁘게 일하며 친구, 친척, 사회적 인간관계들로 무수한 만남들을 가져왔을 것임에 틀림없다. 인간은 태어날 때나 죽을 때 결국은 혼자라고는 하지만 그럼에도 인생을 살아가는 동안에는 풍성하고 다양한 인간관계 속에서 살아가게 마련이다.

그러나 세월이 흐르고 하나둘 나이 들어감에 따라 어느 순간 서서히 사회의 일선에서 물러나면서부터 다양하던 인간관계와 활동이 줄어들고 축소되어 버린다. 그것은 늙어감에 따라 어쩔 수 없는 변화일 것이다. 물론 나이가 들어서 활동반경이나 다양한 인간관계는 축소된다 해도 가족이나 가까운 친구 몇몇과는 생의 후반까지 지속적이고 긍정적인 유대관계를 유지하는 이들이 더 많은 것도 사실이다.

21세기가 시작된 지도 어느덧 17년이 흐르고 있다. 그 사이 우리 사회는 엄청난 변화를 겪어왔다. 정치 경제 사회 문화적으로는 물론 인간관계, 가족관계의 변화가 특히 두드러진다고 할 수 있다. 4인 가족이 기본이던 시절이 언제였던가 싶게 이제는 최소 1인만으로 이루어진 가구 수도 엄청나게 늘었다. 이는 통계청의 2017년 3월 5일의 발표에 의해 분명해진다. 2015년 말 기준 대한민국의 1인 가구는 전체 가구의 27.2%로 무려 520만 명을 넘어섰다고 한다. 1990년의 1인 가구 비율은 불과 9%였으나 25년 만에 3배 이상 급격히 늘어남으로써 현재 대한민국에서 가장 '보편적인' 가구의 형태가 되었다는 의미이다.

그렇다면 '표준가족'의 대명사이던 4인 가구 비율은 얼마나 될까. 그것은 약 18.8%로, 2인 가구(26.1%)나 3인 가구(21.5%)보다도 적은 것을 알 수 있다.

이 같은 가족의 해체는 인간관계의 단절로 이어진다는 점이 문제이다. 결혼하지 않았거나 이혼, 기러기 아빠, 주말 부부 등 가족과 함께 살지 않는 사람들은 바람직한 생활습관을 갖기 어렵다. 게다가 인간관계마저 단절될 경우, 고독사(孤獨死)와 같은 극단적이고 심각한 상황으로 이어질 수 있기 때문이다.

그중에서도 홀몸(독거)노인 비율은 2012년 기준 약 120만 명으로 전체 노인 인구의 20%를 넘어섰다. 노인 열 명 중 두 명 이상이 혼자

살고 있다는 뜻이다. 현실이 이러하니 쓸쓸하게 혼자 죽음을 맞는 고독사 소식이 우리 지역, 우리 동네에서 들려오는 것이 이상한 일만도 아니다.

"김 씨! 김 씨~! 안에 없어~? 이 양반이 어딜 갔나? 갈 데도 오라는 사람도 없는 사람이 며칠째 어딜 간 거야…?"

월세집 주인은 며칠째 그가 보이지 않는 것을 의아하게 여기며 방문을 두드렸으나 인기척은 느껴지지 않았다.

"말없이 일도 안 나가고 놀러 갈 사람도 아니잖아…무슨 일이 난 거 아니야?"

또 다른 이웃이 옆에서 이렇게 되묻자 집주인은 등골이 서늘해지는 느낌에 경찰에 연락을 했다. 곧이어 파출소에서 출동한 경찰관이 김 씨의 잠긴 방문을 열고 들어섰다.

"어이쿠~! 이게 뭐야?"

먼저 들어서던 경찰이 외마디를 지르며 물러서자 뒤따르던 사람들도 발길을 멈추고 말았다.

비좁고 빛도 잘 들지 않는 방안 더러운 이부자리 곁에는 빈 술병들과 함께 57세의 세입자 김 씨가 싸늘한 주검으로 누워 있었다. 경찰이 그의 방에 들어갔을 때 가재도구라고는 낡은 이부자리와 전기장판, 휴대전화 2대가 전부였다. 그나마 휴대전화 한 대는 고장난 상태였고 나머지 전화기에도 저장된 연락처는 하나도 없었다.

부산에서 30년 넘게 구두미화원으로 일해 온 김 씨는 2평 남짓한

월셋방에서 가족이나 친척도 없이 철저히 혼자 지냈는데, 매일의 외로움을 달래느라 그가 먹은 것이라고는 소주와 안주가 전부였다. 사망 원인은 알코올 중독이었다.

그는 매일 오전 7시부터 오후 6시까지 시청과 경찰청을 돌며 구두를 수거하여 정성껏 닦아 주는 일을 했다. 구두 한 켤레를 닦아 주고받은 비용은 500~1000원에 불과했으나 그렇게 한푼 두푼 모은 돈은 자그마치 8,000여만 원이 되어 있었다. 고아로 자란데다 가족이나 친구도 없는 그는 사는 동안은 물론 죽는 순간까지도 홀로 외로운 죽음 – 고독사 – 을 맞고 말았다.

이와 같은 고독사는 언제부턴가 주변에서 흔히 들려오는 뉴스가 되었다. 어느 홀몸 노인이 혼자 숨진 지 한 달여가 지나서야 심한 악취 때문에 신고한 이웃에 의해 경찰에 발견되었다거나, 40대의 독신 남성이 지병에 시달리다가 홀로 죽음을 맞은 뒤 수년 만에 우연히 발견되었다는 등의 소식은 한 번씩 우리의 가슴을 쓸어내리게 한다.

이처럼 주변 사람들과 단절된 채 홀로 살다 고독한 죽음에 이르는 것을 고독사라 하는데, 가족, 친척, 사회에서 격리돼 외로이 떨어져 살다가 아무도 모르게 홀로 죽음에 이를 뿐 아니라 많은 경우 오랫동안 시신이 방치되곤 한다는 것이 문제다. 현대사회에서 고독사가 증가하는 이유로는 고령화, 핵가족화, 인간관계 단절 등을 그 원인으로 보고 있다. 그러므로 고독사는 노인들에게서만 나타나는 문제는 아니다. 노인이거나 젊은이거나 혼자, 외부와의 관계단절을 겪으며 지내다가 사망에 이르는 모든 경우에 해당되기 때문이다.

고독사에 관한 보고는 일본에서 먼저 비롯되었으며 초고령 사회에 접어든 일본에서는 이미 심각한 문제로 파악하고 다양한 대책들을 마련하고 있다.

인간관계의 단절이란 결국 소통의 부재를 의미한다. 만약 고독사를 당하기 전 이들에게 서로 대화하고 관심을 나눌 대상이 있었다면 결과는 분명히 달라졌을 것이다.

갓난아기들은 24시간 돌보아야 할 대상으로 인식하면서도 나이들고 외롭게 홀로 지낼 수 밖에 없는 우리의 이웃들은 소외되어 온 것이 사실이다. 바로 옆집에 살던 사람이 어느 날 보이지 않는다면 한번쯤 관심을 가져보는 것은 어떨까. 아니 그전에 이웃들과 가벼운 인사를 나누는 것으로 시작하면 어떨까. 언제나 첫걸음이 어려운 법. 한번 인사를 건네고 나면 다음부터는 한두 마디 대화도 훨씬 쉬워질 것이다. 인사하고 대화하고 그들과 소통하라.

예전에는 동네마다 반상회가 있었다. 그것은 매우 의미 있는 소통의 창구였다. 자신이 사는 마을의 집집마다 시시콜콜 어떤 일이 있는지, 기쁜 일이나 슬픈 일이나 반상회 모임에서 전해지고 함께 돕고 기쁨을 나누기도 했던 것이다. 시대가 변하고 마을중심의 공동체는 가족중심에서 개인중심으로 분화되어 버렸으나 여전히 필요한 것은 사람과 사람 사이의 대화와 소통이 아니겠는가.

SNS, 기적을 소통하다

      21세기는 트위터와 페이스북을 비롯한 SNS(Social Networking Service)로 전 세계가 안방에서 소통할 수 있는 시대이다. 한때는 미니 홈피나 메신저를 통한 소통이 사람들의 관심을 끌었으나, 스마트 폰이 등장하면서 이내 트위터, 페이스북 등의 SNS가 각광을 받고 있다.

    2006년에 최초로 시작된 '트위터'는 다른 웹 기반 네트워크와 달리 특정인과 연결되어 있는 수많은 사람들에게 동시다발적으로 소식을 전할 수 있다는 점에서 그전까지의 서비스와 차별화되었다. 유명 선수의 국위선양 소식이나 인기 연예인들의 가십성 뉴스도 삽시간에 전파하는데 더할 나위 없는 도구가 되었다.

    특히 미국인 대학생 마크 저커버그에 의해 시작된 '페이스 북'은 2014년, 창립 10주년을 맞아 전 세계 페이스 북 이용자의 감동적인 이야기 10개를 선정하여 'Ten stories (페이스 북이 만든 10가지 감동적인 이야기)'라는 이름으로 소개한 바 있다.

    그중에는 미국 뉴저지의 한 가구디자이너와 케냐 킬타마니 족의 소통방식에 관한 이야기도 있다. 먼저, 영어를 할 줄 모르는 부족원이 옷감과 장식품을 만들어 스마트 폰으로 페이스 북에 접속해 사진을 올린다. 그것을 본 가구디자이너와 부족원이 서로 연락을 주고받음으로써 가구디자이너는 아름다운 의자를 완성하는 것이다. 부족원들이 제조하여 가구 재료로 넘긴 물품들로부터 얻는 수익은 자신들의 부족 여성교육을 위해 사용된다. 수천 km에 이르는 이들의 물리적 거리를 뛰어 넘어 협업이 가능할 수 있었던 것은 페이스 북이라는 SNS 덕분이 아닐 수 없다.

또한, 브라질 상파울루의 어느 노숙자 이야기도 사람들의 관심을 끌었다. 라이문도 소르비뉴라는 이름의 70대 노숙자는 누구의 관심도 받지 못한 채 35년간 매일 같은 자리에서 시를 썼다. 그러던 2011년 어느 날, 우연히 그의 시를 읽고 감동받은 여성이 페이스 북에 사연을 올리기 시작했다. 페이스 북에 오른 노숙자의 시는 마침내 한 출판 관계자의 눈에 띄었고 새로운 운명의 문이 열렸다. 거리의 시인 라이문도가 오래 소망해온 시집 출간의 꿈을 이루게 된 것이다. 그로 인해 소식이 끊겼던 동생에게서 연락을 받고 함께 살게 되면서 다시 가족의 일원이 되기도 했다. 이 역시 SNS를 통한 소통이 없었다면 쉽사리 일어나기 어려운 일임에 틀림없다.

그러나 그중에서도 우리의 가슴을 가장 깊게 울린 사연은 한국인 쌍둥이의 기적적인 만남에 관한 이야기일 것이다.

지난 2013년 페이스 북을 통해 극적으로 다시 만나게 된 한국인

나는 왜 인간관계가 힘들까?

쌍둥이 자매 사만다와 아나이스는 무려 26년 동안이나 서로의 존재를 모르고 살았던 것이다. 더구나 그전까지 그들은 쌍둥인 줄도 모르고 있었다는 사실이 놀랍다.

현재 아나이스와 사만다로 살아가는 쌍둥이 자매는 1987년 11월 부산에서 태어났으나 불과 3개월 만에 각각 프랑스 파리와 미국 뉴욕으로 입양되면서 생이별을 하고 말았다. 그런데, 2012년 겨울 영국 런던에서 패션디자인을 공부하고 있던 아나이스가 친구로부터 뜻밖의 메시지를 전해 들었다.

"아나이스, 내가 엊그제 유 튜브 동영상 하나를 우연히 봤는데, 거기 나오는 아시아계 배우가 너랑 아주 많이 닮았어! 정말 신기할 정도야. 이 사진을 좀 봐봐."

친구가 보내준 사진 속 얼굴이 자신과 똑같이 생긴 것을 알고 크게 놀란 아나이스는 페이스 북을 뒤져 사만다라는 이름의 그녀와 쪽지를 주고받기 시작했다. 그리고 마침내 1987년 11월 19일에 태어난 쌍둥이 자매라는 사실을 확인하게 되었던 것이다.

무려 8,000km를 사이에 두고 떨어져 살다가 26년 만에 서로를 발견하게 된 자매의 이야기는 알려지자마자 세계적으로 뜨거운 화제가 되었다.

위의 가슴 뭉클한 이야기들은 오늘날의 SNS라고 하는 소통의 도구가 없었다면 결코 쉽사리 일어나기 어려운 큰 사건들임에 틀림없다. 이처럼 SNS는 어떤 일상 혹은 특별한 사연을 공유하는 사람들에 의해 이야기되고 주변 이웃들에게 빠르게 널리 퍼져나가는 것은 물론 함께 힘을 모아 전혀 뜻밖의 결과를 이루어내는 힘이 있는 것이다. 가상의 공간에서 한두 마디 나누는 것으로 시작되는 평범한 이들의 소통은 재난지역의 복구에 힘을 보태는 기금을 모으거나 길 잃은 고양이를 주인에게 찾아주거나 혹은 숨겨진 미담을 알리는 수단이 되기도 한다. 의미 있는 소통이란 바로 이런 것이 아닐까.

이 같은 SNS 사용자들 중에는 평범한 시민이 아닌 유명 연예인이나 한 나라의 대통령도 포함되어 있다. 미국의 44대 대통령 버락 오바마는 꾸밈없는 일상생활 모습을 SNS에 공개하여 따뜻하고 인간적인 모습으로 국민들은 호감을 얻기 시작했다. 특히 트위터를 통해 국민과 정책 토론을 하곤 했는데, 그전까지는 상상도 하지 못했을 양방향식 소통에 SNS가 매우 큰 의미와 가치가 있음을 간파했던 것이다.

그는 선거에서도 이를 적극적으로 활용하여 당선된 것으로 잘 알려져 있다. 두 번의 대선 출마에서 모두 SNS를 통한 선거운동을 펼쳤고 멋진 성공을 거두었다. SNS의 속성을 잘 파악하고 온라인상에서 적극적으로 활동하는 국민들과 소통하기 위해 노력하였고 더 많은 지지자들을 끌어 모을 수 있었기 때문이다. 트위터는 물론 페이스 북, 유 튜브 등 다양한 SNS를 활용하여 소통의 범위를 넓혔고 여성 단체나 흑인, 소외된 계층을 위한 맞춤 공약을 내세워 공감을 이끌어냈다. 국민과 꾸준히 소통을 이어나간 결과, 그를 신뢰하는 이들의 압도적인 지지를 받게 되었던 것이다.

 나는 왜 인간관계가 힘들까?

우리나라에서 SNS를 통한 선거운동이 가능해진 것은 최근의 일이다. 얼마 전 지방선거에서도 SNS를 이용한 선거운동이 펼쳐지기는 했지만 그 효과는 미미했다. 스마트 폰 보급률이 가장 높은 나라인 만큼 우리나라도 앞으로의 선거에서 SNS를 잘 활용한다면 국민들과 적극적이고 능동적으로 소통하는 지도자가 나올 수도 있을 것이다.

한 나라의 지도자가 된다는 것은 구중궁궐 안에서 귀를 막은 채 홀로 장기판에서 장군 멍군을 두는 일이 결코 아니다. 최근, 어리석고 국민과 소통하지 않는 지도자의 최후를 지켜본 우리로서는 특히 열린 자세로 활발하게 소통하며 국민을 위한 정책 토론에도 활발하게 참여하는 위정자의 탄생을 기대하고 있다.

물론 수많은 장점과 긍정적 효과에도 불구하고 아직까지 SNS의 부정적인 영향력도 무시할 수는 없다. SNS가 빠른 시간 내 정보공유라는 긍정적 효과가 있는 반면, 검증되지 않은 잘못되고 왜곡된 정보들 또한 엄청난 확산력을 이용하여 빠르게 전파될 수 있기 때문이다. 특히 '거짓뉴스'라고 하는 거짓된 정보들은 일단 확산되면 사실여부와 상관없이 사람들의 인식과 판단에 선입견으로 작용하게 될 수 있으므로 경계해야 한다. 그로 인해 피해를 입는 것은 결국 SNS 이용자들이다. 여기서 SNS와 소통의 의미를 되짚어 보아야 한다.

소통이란 일방적인 정보의 유포와는 다르다. 오바마가 일반 대중들과 SNS를 통해 소통하고 성공을 거둔 것은 일방적인 정책 선전이 아니라, 대중들과 의견을 나누고 그들의 관심사에 귀를 기울이며, 그들의 요구를 이해하고 정책에 반영하는 노력을 아끼지 않았기 때문이었다.

첨단기술도 결국은 인간의 삶을 풍요롭고 조화롭게 하기 위한 것이라면, 휴머니즘이 제거된 기술은 인간을 위한 기술이라 할 수 없을 것이다. SNS가 인간 삶을 더욱 가치 있고 풍성하게 하는 불가결한 도구가 되기 위해서 이용자들 스스로의 노력과 의지가 중요한 이유이다.

내가 먼저 손 내밀기

　　　　　　　낯선 나라로의 여행이란, 아무리 즐거운 이들만 가득해도 결국은 손꼽아 집으로, 자신의 나라로 돌아갈 날을 헤아리게 마련이다. 그러나 그중에는 우연히 찾은 나라에 마음을 빼앗겨 한 달 일정이 1년으로, 1년 일정이 4~5년으로 늘어나기도 하고 아예 눌러앉아 수십 년씩 살고 있는 경우도 있으니 놀라운 일이다. 그것은 어떻게 가능할까. 결국 이방인으로 발을 들인 나라일지라도 지내는 동안 누군가와, 혹은 무언가와 마음과 뜻이 통했다는 의미가 아니겠는가. 그야말로 이방(異邦)에서 진정한 소통을 이루어냈다는 의미에 다름 아닐 것이다.

　수 년 전 뇌성마비로 신체활동이 자유롭지 못한 유럽의 젊은이 S가 한국에 들어왔다. 아시아 문화에 관심 많은 예술가인 그는 최근 한류열풍과 함께 알려지기 시작한 한국에 대하여 직접 체험하고 공부하기 위하여 약혼녀와 함께 약 1년 예정으로 찾아온 것이다. 유럽에서 태어나고 자라 서른 살이 넘도록 줄곧 유럽대륙에서 살아온 순수 유럽인인 그들에게 대한민국은 무척 낯설고 신기한 나라였다.

9,000km에 이르는 먼 거리를 날아 한국에 오기 전, 그는 다양한 예술분야에서 바쁘게 활동할 뿐 아니라 방송출연이나 강연 등의 활동으로 친구나 가족과 함께 지내는 여유가 줄어드는 것이 불만이었다. 장애를 딛고 일어나 부와 명예는 얻었으나 정신적 여유와 가까운 사람들과의 유대를 잃게 될 것이 두려워진 그는 모든 것을 정리하고 무작정 휴식을 갖기 위해 대한민국을 찾아온 것이다.

처음 대한민국에 왔을 때, 그는 자신이 한동안 살아갈 낯선 나라에 대해 알고 이해하기 위해 혼자 거리를 걸으며 사람들과 만나고 싶어했다. 그러나, 장애인과 약자에 대한 편견이 적지 않은 한국에서 뇌성마비로 사지가 뒤틀려 걸음걸이가 비틀거리는 외국인에게 한국 사람들이 결코 처음부터 호의적이지는 않았다.

그가 혼자 길을 걷고 있노라면 곁을 스치는 사람들은 놀라듯 피하거나 힐끔거리며 위험인물 보듯 했다. 뇌성마비로 뒤뚱거리는 걸음걸이를 술 취한 주정뱅이 정도로 오해하기 때문이었다. 그러므로 차라리 아무 말 없이 비켜가거나 말을 걸지 않는 것이 이상할 것 없는 일이었다. 사실 그런 상황이 그에게는 이미 자연스러울 뿐이었다.

어느 날 오후 무렵, S는 그날도 온종일 거리를 헤매고 다니느라 지친 육신을 잠시 쉬기 위해 눈에 띄는 공원으로 들어갔다. 가까운 벤치에 앉아 있을 때 한 청년이 다가왔다. 그 한국인 청년 K는 뜻밖에도 서툰 영어로 말을 걸어왔다.

"헬로, 아 유 오케이?"

"네, 괜찮아요. 감사합니다."

"어디가 아픈가요? 다쳤어요?"

K가 다시 부자연스레 흔들리는 S의 팔다리와 고개를 쳐다보며 물었다.

S는 자신이 뇌성마비 장애인이라고 설명했다. 그제서야 K는 고개를 끄덕이며 미소 지었다. 자신을 향한 한국인 청년 K의 미소를 보며 S는 순간 당황스럽기도 하고 기쁘기도 했다. 서투르나마 두 사람은 여러 가지 이야기를 나누었고 그날 이후로 절친한 사이가 되었다.

"왜 그때 나에게 먼저 말을 걸었는지 말해 줄 수 있어요?"

훗날 S가 조심스레 K에게 물었을 때 그는 이렇게 대답했다.

"그냥…왠지 말을 걸어야만 할 것만 같아서…외국 사람인데 어딘지 불편해 보이기도 하고요…"

자신이 사는 나라에서 S는 이미 유명한 예술가였으나 낯선 나라에까지 와서 그런 이름표는 불필요한 것이었다. 다만 그는 장애를 가지고 태어나 장애인으로 살아가야 하는 세상에서 자신과 같은 장애와 소외, 혹은 불편을 겪는 이들이 부자유스러운 상황 속에서도 어떻게 현재를 살아가는지 확인하고 그들과 마음을 나누는 것이 가장 중요한 관심사였을 뿐이다.

그런 의미에서 아무런 편견 없이 낯선 이방인에게 선뜻 먼저 다가와 마음을 열어주고 이후로도 자신의 진정한 한국 탐구 생활에 많은 도움을 준 K가 S에게는 그 어떤 스승이나 학교보다도 의미 있는 존재가 되었다. 낯선 곳에서 편견 없이 시작된 K와의 첫 만남은 S의 한국 체류기간을 무려 3년이나 연장하는데도 적지 않은 영향을 미쳤다.

말이 통하지 않는 나라에서, 그 나라 사람과 그토록 마음이 통할 수 있었던 비결은 무엇일까. 상대를 편견 없이 바라보며, 있는 그대로의 자신 또한 스스럼없이 드러내며 하찮고 특별하지 않은 일상을 진심으로 나누려는 소통 의지가 그것임에 틀림없다.

환경과 문화의 이질성에도 불구하고 이들이 이룬 값진 우정은, 편견을 버리고 먼저 손을 내밀어 다가간 한국 청년의 행동에서 비롯되었다. 편견을 가지고 본다면 전혀 다르게 보일 수도 있는 지체장애를 가진 외국인에게 다가간 것은 만일의 경우 도움을 주려는 의지가 있었기 때문일 것이다. 내가 아니면 누군가 도와주겠지, 하는 생각이 있었다면 그를 눈여겨 볼 이유도 없었을 것이며 다가가지도 못했을 것이다. 그러나 위기에 처한 누군가에게 먼저 마음을 열고자 하는 자세, 먼저 손을 내미는 마음에서 이미 그는 타인과 소통하려는 긍정적인 의지의 인간임을 알 수 있다.

결국 누군가를 이해하고 사귀는데 필요한 것은 언어의 유창성이 아니라 진심을 다해 마음으로 소통하는 것이다. 그 순간 중요한 것은 얼마나 진정으로 상대를 대하느냐 일 것이다.

그럼에도 불구하고 우리는 종종 상대방을 대할 때 특히 낯선 상대, 처음 보는 대상과의 만남에서, 암암리에 머릿속이 복잡해지는 것이 사실이다. 저 사람과의 만남이 나에게 득이 될 것인가 손해가 될 것인가, 혹은 괜히 알고 지냈다가 피곤해지는 것은 아닐까 하는 걱정, 또는 이번엔 받았으니 다음번엔 갚아 주어야 한다는 식의 손익계산서가 반가운 마음보다 먼저, 기쁘게 환영하는 무조건적인 말보다 먼저 머릿속을 휘젓곤 하는 것이다.

그러나 계산기부터 두드리는 관계는 결코 오래갈 수 없다는 사실을 우리는 이미 경험상으로 알고 있다. 손해 보지 않으려는 강박증, 지지 않으려는 걱정을 모두 내려놓고 상대방과 아무런 조건 없이 사귀어 보는 노력을 권하고 싶다. 무조건적인 열린 마음으로 먼저 상대에게 진심으로 손을 내밀고 다가가 보길 권장하고 싶다. 어쩌면, 그러다 가끔은 손해 본다는 느낌이 들 수도 있고 더러는 마음을 다칠 수도 있겠으나, 나 자신이 솔직하게 진심으로 상대와 소통하려 노력했다는 사실만은 변함없을 것이며, 진지한 노력은 결국 상대에게 전해질 것이기 때문이다.

침묵, 소통의 또 다른 언어

나의 뜻을 전하고 상대의 생각을 이해하기 위해서는 대화가 필요하다. 끊임없이 말을 주고받으며 보다 깊이 소통하기 위해 노력한다. 말을 하지 않으면 상대의 마음을 알 수가 없기 때문이다. 그가 어떤 사람인지도 파악하기가 쉽지 않다. 서로에 대해 알기 위해 말을 멈출 수가 없는 것이다. 그러나 그것이 지나치다 보면 말 한 마디가 불씨가 되어 다툼이 일어나기도 한다. 말이 사람들 사이를 연결해 주고 관계를 소통시키지만 경우에 따라서는 화근이 되기도 한다. 때로는 말 한 마디의 실수로 상대에게 상처를 주고 오해를 불러일으키기도 한다.

그럴 바에야 차라리 침묵(沈黙)하는 것이 나을 때도 있다. 서로 잠깐의 오해가 생겼을 때 지나친 변명이나 하소연보다 침묵의 시간을 가짐으로써 상대에게 격앙된 감정을 가라앉히고 한 번쯤 되새겨보는 기회를 줄 수도 있는 것이다. 그로써 자칫 단절될 수도 있는 관계의 소통을 다시 이룰 수 있기 때문이다.

침묵은 사회적 문제점에 대한 주위의 관심을 환기시키는 역할을

나는 왜 인간관계가 힘들까?

하는 데도 자주 활용된다. 이른바 '침묵시위'가 그것이다. 자신의 생각과 요구를 목소리 높여 알리는 것과 달리, 오히려 아무 말도 하지 않음으로써 사회적 관심을 불러일으키는 것이다. 최근 들어서는 사회적으로도 많은 사람들이 시끄럽게 떠드는 시위보다는 말없는 시위, 비폭력 시위에 대한 사회적인 반향이 더 커진 것이 사실이다. 조용할수록 시위 효과도 더욱 크다.

이처럼 침묵은 지나치게 말이 많은 세상에서 한 번쯤 스스로를 돌아볼 기회를 주고 상대방에게는 생각할 시간을 주는 긍정적인 기능을 하지만, 경우에 따라서는 부정적인 영향을 끼치기도 한다. 어떤 이해관계를 함께 하는 집단이 사회적으로 자신들에게 불리한 일이 생겼을 때 그것에 대해 함구하고 서로 비판하지 않음으로써 서로의 이익을 깨지 않으려는 현상이 그것이다. 다른 말로는 '침묵의 카르텔'이라고도 하는데, 이러한 부정적인 현상이 있음에도 불구하고 대체로 침묵은 사람들에게 긍정적으로 인식되고 있다.

'말이 많을수록 쓸 말보다는 버릴 말이 더 많다'고도 한다. 말이 많으면 내 말을 하기 바빠서 상대의 말에는 귀 기울일 시간이 없다. 그러니 서로 제대로 소통할 수 없다는 의미이다. 말이 많다 보면 말다툼이 일어나기도 한다. 좋게 얘기해서는 자신의 뜻이 통하지 않으니 좀 더 거친 표현으로 강하게 밀어붙이다 보면 언성이 높아져 급기야 말다툼이 일어나게 된다.

날마다 원수처럼 싸움이 끊이지 않는 부부가 있었다. 두 사람은 결혼생활 40년 동안 서로를 탓하며 하루를 시작하고 서로를 헐뜯으며 잠이 들곤 했다.

"저 여편네는 왜 저렇게 게으른 거야? 남들은 아침 일찍 일어나서 더운밥을 차려주는데 더운밥은커녕 아침식사를 얻어 먹어본 적이 없으니…"

이른 아침, 남편이 이렇게 투덜거리며 고물 리어카를 몰고 나가자 그 뒤통수에 대고 아내가 쏘아붙였다.

"꼴에 저것도 남편이라고…남들처럼 돈이나 팍팍 벌어다 주면서 큰소리를 칠 것이지. 하루 종일 고물을 산더미처럼 주워봐야 쌀값도 안 되면서…"

밤에도 마찬가지였다. 하루 종일 고물을 줍다 돌아온 남편과 아내는 또다시 서로 지지 않고 말다툼을 벌였다. 동네에서도 그들 부부의 다툼은 유명해서 모르는 이가 없을 정도였다.

어느 날 밤, 한 노인이 그 앞을 지나다가 부부가 싸우는 소리를 들었다. 그는 잠시 망설이다가 문을 두드렸다.

"실례 좀 하겠소. 내가 매일 이 집 앞을 지나는데 그때마다 두 분이 다투는 소리가 들립디다. 서로 그렇게 헐뜯기 시작하면 나중엔 후회하게 될지도 모릅니다…그러니 욕이 나오려고 할 때 잠깐만 참고 침묵해 보면 어떻겠소?"

부인이 물었다.

"후회할 일이라니요?"

"나도 내 아내와 당신들처럼 평생 싸우기만 했소. 절대로 지지 않으려고 열심히 싸웠지. 그 덕에 아내가 그만 화병으로 죽고 말았다오. 아내가 죽은 뒤, 그제야 깨달은 게 하나 있소. 내가 아내를 사랑하고 있었다는 사실이오. 하지만 그 사실을 알아차렸을 땐 이미 아내가 저 세상 사람이 되어 버렸으니 얼마나 후회스러웠겠소? 화가 나고 욕이 나오려고 할 때 한 번만 참고 생각해 볼 시간이 있었다면 그렇게 날마다 싸우지는 않았을 텐데 말이오…사랑한다는 말도 할 수 있었을 텐데 말이오…"

말을 마친 노인이 돌아간 뒤 두 사람은 조용히 생각에 빠져들었다.

얼마쯤 시간이 흐른 뒤, 아내가 먼저 눈물을 흘리며 입을 열었다.

"여보, 미안해요…당신이 날마다 수고하는 걸 생각하지 못하고 헐뜯기만 했으니 내가 어리석었어요."

"아니오, 오히려 내가 미안하구려. 능력없는 남편을 만나 평생 고생만 시켰으니……"

남편은 아내의 어깨를 따뜻하게 감싸 안았다.

부부는 과연 침묵 속에서 무엇을 깨달았을까. 노인의 말대로 서로에 대해 생각하고 자신의 지난 행동에 대해 되짚어 보게 되었을 것이다. 이후로 두 사람은 노인처럼 후회하기 전에 서로 아끼고 사랑하며 살아가지 않았을까.

갈등과 분노가 폭발하려는 순간 잠깐 동안 침묵하는 것은 격앙된 감정을 가라앉히고, 상대에 대해 다시 생각하게 하며 스스로를 돌아보는 중요한 계기가 된다. 물론 감정이 폭발하려 할 때 그것을 자제하는 것 자체가 쉬운 일은 아니다. 하지만 한 순간의 침묵에는 더 많은 메시지를 전달하고 더 많은 감정을 전달하는 효과가 있다.

말다툼도 끊임없는 소통의 욕구 표현에 다름 아니다. 단지, 그 말에는 부정적인 표현과 거칠고 다듬어지지 않은 감정만이 범람하므로 듣는 이를 자극할 뿐 진정한 소통은 불가능하다는 것이 문제이다.

수백 마디의 말이 한꺼번에 터져 나오려 할 때, 이제부터라도 입을 다물고 생각의 시간을 가져보기를 권한다. 때로는 침묵이 어떤 웅변보다 효과적일 때가 진짜 있기 때문이다.

나는 왜 인간관계가 힘들까?

사람들과 소통하기 위해 꼭 필요한 요소들 중에서 빼놓을 수 없는 것이 유머감각이다. 같은 이야기를 하더라도 그저 핵심만 늘어놓기보다 중간 중간 유머러스한 표현을 섞으면 듣는 이에게 웃음을 유발할 뿐 아니라 긴장감이 풀리고 좀 더 여유 있게 상황을 바라보게 한다. 이와 같은 유머의 힘을 모르는 사람은 없다. 그래서 요즘은 너도나도 유머감각을 기르기 위해 노력하는 것이다.

사람들과의 관계에서 보다 수월한 소통을 위하여 유머를 활용하는 것은 자연스럽다. 그러나 죽음의 순간에 이르러서까지 그렇게 하기는 쉽지 않다. 죽음이란, 세상 속에서 자신의 흔적이 지워진다는 의미이고 사랑하는 사람들과 헤어져 그들에게서 서서히 잊힐 것을 당연하게 여기며 받아들일 수밖에 없는 필연적인 과정이기 때문이다.

죽음 앞에서 보이는 태도에는 크게 두 가지가 있다. 자신의 삶을 돌아보고 정리하며 긍정적으로 받아들이거나 혹은 죽음 자체를 받아들이지 못하고 괴로워하는 경우가 그것이다. 당신은 어떤 식으로 세상에서의 마지막 날들을 완성하고 싶은가.

미국의 한 칼럼니스트는 자신이 죽기 전에 직접 부고 동영상을 만들기로 결심하고 화면에 출연하여 사망소식을 직접 알렸다. 부고 동영상을 본 사람들은 그의 유머감각에 터져 나오는 웃음을 웃어야 할지, 안타까워하며 눈물을 흘려야 할지 잠시 당황할 수밖에 없었다.

"안녕하세요, 아트 부크월드입니다. 제가 조금 전에 사망했습니다!"

이것이 마지막까지 유머를 잃지 않은 그가 남긴 자신의 부고였다. 퓰리처 상도 수상한 그는 '워싱턴의 휴머니스트'로 불리며 40여 년간 미국 대통령을 포함한 엘리트 계층 풍자 칼럼으로 큰 인기를 누렸다. 그러나 사망하기 1년 전, 당뇨병이 악화되어 한 쪽 다리를 절단하고, 나중에는 신장 투석도 거부한 채 호스피스 시설에서 지냈다. 그곳에서의 삶과 죽음을 맞는 과정을 그는 특유의 유머감각으로 묘사하며 여전히 낙천적인 사고와 의연한 모습을 칼럼을 통해 과시하기도 했다.

"의사가 2~3주 정도 살 것이라고 이야기해 그런 줄 알고 호스피스 시설에 들어왔는데 어느새 5개월 넘게 살고 있다. 그러다 보니 전에는 신경 쓸 필요 없던 일이 많이 생겼다. 아침마다 면도도 해야 하고, 휴대전화도 괜찮은 신제품을 추가 구입하고, 유언장도 새로 작성했다. 장례 계획도 처음부터 다시 짜야 했다. 또 하나, 조지 W 부시 대통령을 다시 걱정하기 시작했다."

예상보다 생존기간이 길어지자 그는 병원에서 퇴원하여 자신의 투병생활을 담은 〈안녕이라고 말하기엔 너무 이르다〉라는 책을 펴내기도 했으며 칼럼도 다시 쓰게 되었다. 그리고 81세의 나이로 결국 세

나는 왜 인간관계가 힘들까?

상을 하직할 때까지 그는 의연하고 유머 넘치는 모습을 잃지 않았던 것이다.

죽음뿐 아니라 일상의 힘들고 어려운 상황에서도 웃음과 유머를 잃지 않기란 쉽지 않다. 죽는 순간까지 사람들을 웃음 짓게 만든 칼럼니스트에게도 결코 행복한 시절만 있었던 것은 아니다. 그는 어린 시절을 보육원에서 보냈으며 어머니와 아버지 역시 순탄하고 평범한 삶을 살지 못했다. 또한 고등학교를 중퇴하고 해병대에 입대하기도 했다. 이렇게 그의 삶을 되짚어 보면 그 역시 평범한 우리와 마찬가지로 웃을 일이 별로 없어 보인다. 그는 "우울증을 심하게 앓은 적이 두 차례나 있었으며, 자살충동을 느낀 적도 있었다."고 회고하기도 했다.

하지만 그는 자신의 상황을 개척하고 열심히 노력하여 칼럼 분야의 글쓰기에서 재능을 발견한 것이다. 그로써 자신의 운명을 스스로 헤쳐 나가기 시작했다. 실패와 좌절의 경험이 있기에, 그로부터 피어난 웃음의 진정한 의미를 알기에 사람들의 가려운 곳을 유쾌하고 시원하게 건드려 줄 수 있는 능력이 발현된 것이 아닐까. 인생의 기쁨과 슬픔을 모두 알기에 그의 무르익은 한 마디 한 마디는 촌철살인으로 사람들에게 통쾌한 웃음과 함께 소통의 기쁨을 안겨줄 수 있었던 것이다. 이처럼 유머는 삶에서는 물론 죽음 앞에서조차 두려움 없는 의연함을 갖게 하는 능력이 있다.

반면, 유머에 대한 지나친 집착은 자칫 타인과의 소통은 고사하고 대인관계를 '먹통'으로 만드는 치명타가 될 수도 있다. 좌중이 모인 자리에서 어떻게든 화기애애하게 분위기 좀 띄워보겠다고 유머도 아닌 수준 낮은 농담을 꺼냈다가 오히려 썰렁하게 만들 수도 있기 때문이다. 유머란, 그 상황에 맞게 적절하게 녹아들어야 조화롭게 어울리며 사람들에게도 유쾌함을 선사할 수 있다.

재치 있는 유머감각은 분명 대인관계의 중요한 요소이고 소통의 문을 넓히는 활력소가 되는 것이 사실이다. 그러나 자칫 초점이 조금만 어긋나도 어색함과 불편함을 자아낼 수 있으므로 주의해야 한다. 모처럼 잘해 보려고 한 마디 꺼냈는데 웃음은커녕 어색한 비웃음이나 쓴웃음이 흘러버린다면 차라리 가만있느니보다 못한 상황이 되어버릴 수도 있다. 그러므로 유머 카드를 꺼내들기 전에 우선적으로 해야 할 일이 분위기 파악이다.

분위기 파악이란, 듣는 이들의 심정을 헤아리는 능력이다. 누구에겐 유쾌하더라도 또 다른 누군가에겐 기분 잡치는 얘기가 될 수 있다면 그것은 그 자리에 맞는 카드가 아닐 것이기 때문이다.

유머를 통한 분위기 전환은 결국 서로서로 잘 소통하고자 하는 노력의 일환이다. 유머를 듣는 입장에서도 그에 대해 적극적이고 긍정적인 표현(유쾌한 웃음)을 아낌없이 보여주는 노력이 필요하다. 그러한 반응을 통해 상대는 자신의 뜻이 얼마나 통했는지 아닌지를 알 수 있기 때문이다. 웃음과 유머는 마음의 긴장을 풀어주고 막혀 있던 대화의 통로를 열어 주는 역할을 한다. 즐겁게 소통하고 싶다면 재치와 유머를 갖추어보자.

실패의 경험 나누기

혼자 있을 때 사람은 무방비상태가 된다. 그러니 아무것도 가리거나 숨길 필요가 없다. 방귀가 나오면 마음껏 방귀를 뀌고 콧구멍이 가려우면 시원하게 후벼내면 된다. 그러나 누군가와 함께 있을 때면 그러한 자유를 누릴 수 없다. 타인과 함께 있을 때 그러한 행동의 제약은 자유의 문제가 아니라 예의의 차원으로 넘어가기 때문이다.

누군가와 대화를 하게 되는 상황에서 자신의 본 모습에 대해 솔직하게 드러내고 보여주기란 그리 쉬운 일이 아니다. 이왕이면 자신의 장점이나 그럴싸한 면을 보여주려 하기 때문이다. 구멍 난 양말을 들키고 싶지 않은 것과 마찬가지로 자신의 약점이나 실패와 좌절에 대한 부분은 굳이 들먹이고 싶지 않은 것이다.

특히 실패와는 거리가 먼 삶을 살아온 사람이라면, 어쩌다 한번 큰 실패나 좌절을 겪게 되면 그러한 경험 자체를 인정하지 못하고 부끄럽게 여기는 경우도 있다. 실패의 경험은 은폐하거나 외면하고 남보다 뛰어난 성취와 성공을 이룬 스토리에 대해서만 떠벌리는 사람은 타인들과의 진정한 소통을 기대하기 어렵다.

늘 승승장구하는 삶을 살아온 사람을 대할 때 대부분의 사람들은 '만날 이기기만 하는 녀석하고 무슨 얘기를 해?' '네가 눈물 젖은 빵 맛을 알아?' 하는 식의 비아냥거림과 부정적인 시선을 보내게 되어 진정한 신뢰와 공감대를 형성하기가 쉽지 않다. 그러므로 누군가와 진정으로 소통하길 원한다면 솔직하게 자신의 실패와 좌절의 경험조차도 터놓고 이야기할 수 있는 용기가 필요하다.

곱고 편하게만 살아와서 인생의 쓴맛을 모를 것 같은 사람이 어느 날 숨기고 싶었던 자신의 아픈 실패의 경험을 털어놓을 때 사람들은 뜻밖의 감동을 받는다. 그것은 '너도 별 수 없는 인간이구나', '다른 세상에 사는 줄 알았더니 역시 우리와 같은 평범한 사람이로군' 하는 동지애와 함께 긴장감이 풀어지고 말이 통할 것 같은 안도감마저 느끼기 때문이다. 특히 상대적으로 사회적 지위가 높은 사람의 경우, 그렇지 않은 상대에게 자신의 실패 경험을 이야기하면 그 효과는 더욱 크다.

2011년 췌장암으로 세상을 떠난 미국 애플사의 창업자 스티브잡스는 1985년 5월 '현실성 없는 망상가이자 회사를 도탄에 빠뜨린 인사'로 지목되어 경영 일선에서 쫓겨나기도 했다. 그러나 1996년에 다시 애플사의 최고경영자로 복귀하였을 뿐 아니라, 2007년 아이 폰을 선보이며 전 세계적으로 혁명적인 선풍을 일으킨 장본인이 되었다. 또한 아이 맥, 아이 팟, 아이 패드 등 그가 내놓은 제품은 연달아 성공을 거두며 애플을 세계 최고의 IT기업으로 도약시킴으로써 컴퓨터와 엔터테인먼트 산업분야에서 현재까지도 유명한 인물이다. 살아있는 동안 그가 보여준 기발한 아이디어의 혁신과 성취는 모든 이의 부러움을 사기에 충분한 것이었다.

그런 그가 2005년 스탠포드 대학의 졸업식에 참석해 축사를 하게 되었다. 그 자리에서 그는 자신이 살아오며 겪은 실패와 좌절의 경험에 대해 스스럼없이 이야기할 뿐 아니라 그 과정에서 얻게 된 삶의 진지한 교훈들에 대해 솔직하게 털어놓았던 것이다.

그가 세계적인 기업의 회장이라는 사실, 20대에 친구들과 함께 매킨토시 컴퓨터를 만들어 내고 애플사를 시작했다는 사실만을 기억하는 사람에게 비친 그의 모습은 실패나 좌절과는 거리가 먼 삶을 사는 존재였다. 그러나 그가 젊은 미혼모의 아이로 태어나 현재의 부모에게 입양되었다는 사실을, 대학에 가게 되었으나 몇 달 만에 때려치운 경험과 그로 인해 애플사를 창업하게 된 운명을, 그럼에도 자신의 회사에서 쫓겨나기도 하고 췌장암에 걸려 사경을 헤매다 다시 깨어난 경험 등을 이야기하자 그러한 사실을 몰랐던 사람들은 그를 새로운 눈으로 바라보게 되었다.

즉, 그전까지의 그는 한없이 우러러 보이기만 할 정도로 대단한 인물이었으나, 여느 평범한 이들의 범상한 삶의 모습과 조금도 다르지 않은 진실된 토로 앞에서는 숙연함과 함께 '우리와 같은 평범한 사람'이라는 생각에 친밀감을 느끼게 된 것이다. 그와 더불어 어느새 어깨를 나란히 하고 앉아 함께 얼마든지 소통할 수 있는 친근한 존재로 다가오는 것이다.

이처럼 실패에 대한 진솔한 고백은 '당신도 열심히 하면 나처럼 될 수 있다'고 목청껏 이야기하는 것보다 훨씬 큰 위력이 있다.

자신의 목표를 향해 가는 동안 겪게 되는 수많은 실패와 좌절의 경험은 결코 헛된 시간낭비가 아니다. "실패는 성공의 어머니"라는 진부한 표현을 빌리지 않더라도 실패의 경험들이 쌓여 결국 실력이 되기 때문이다.

발명왕 토머스 에디슨이 전구를 연구하던 당시의 실패 일화 역시 유명하다. 그는 전구의 필라멘트를 만들기 위해서 3,000번의 시도와 9,000번의 전구 실험을 했지만 계속 실패했다. 어느덧 9,999번째 실패를 지켜본 친구가 에디슨에게 조심스레 물었다.

"벌써 9,999번씩이나 실험하고도 안 됐는데 실패를 1만 번째까지 되풀이할 셈인가? 언제까지 이 헛수고를 할 셈인가?"

그러자 에디슨은 이렇게 대답했다.

"헛수고라니? 천만에! 나는 전구를 만들 수 없는 9,999가지 이치를 발견했다네."

그는 9,999번의 실패로 낙담하여 주저앉은 것이 아니라 그것의 긍정적인 면을 받아들인 것이다. 그럼으로써 계속 실험할 용기를 가졌고 그러한 실패의 경험들이 쌓여 마침내 탄소 필라멘트를 만들어 냈으며, 40시간 이상 계속 빛을 발하는 전구를 탄생시키기에 이른 것이다.

이처럼 인생에 더 큰 의미를 주는 경험은 성공보다 실패와 좌절이다. 평범한 우리는 대체로 성공보다는 실패의 경험이 더 많은 인생일 수도 있다. 반복되는 실패의 경험이 유쾌할 수는 없으나 도전하지도 않고 실패하지도 않는 것보다는 훨씬 값진 삶이라는 사실을 기억하자.

사람들은 성공스토리보다는 실패와 좌절의 경험에 더 관심이 많다. 실패 경험을 부끄러워하거나 애써 감추려 하지 말라. 그것을 터놓고 이야기하는 순간, 당신과 그들 사이에 보이지 않는 소통의 다리가 놓일 것이다. 성공도 실패도 삶의 일부분이며 가치 있는 인생의 조건 중 하나임을 기억하자.

극적인 스토리로 소통하기

세상에 태어나 한 살이 되기 전에 황달을 앓은 아기가 병원에서 뇌성마비 판정을 받게 되었다. 후유증으로 5세 때까지는 제대로 걷지도 못했다. 아이가 커가는 동안 가장 큰 소원은 무엇이었을까. 두 발로 신나게 달리기? 가족과의 신나는 여행?

아이의 바람은 '다른 사람 앞에서 자신의 이름을 또박또박 제대로 쓰는 것'이었다. 그것만이라도 제대로 할 수 있기를 바랐다. 하지만 뇌성마비 3급 판정을 받은 아이의 현실은 마음처럼 따라주지 않았다.

그럼에도 아이는 그대로 주저앉기보다 기필코 자신의 손으로 이름을 쓰기 위해 노력했다. 집에 있는 시간이 많다 보니 아이는 자연스럽게 컴퓨터에 관심을 갖게 되었고, 자판과 마우스를 이용해 글쓰기 훈련에 매진한 결과 마침내 꿈을 이루게 되었다. 글씨 쓰기에 성공하자 그는 새로운 목표를 설정했다. 컴퓨터 프로그래머가 되기로 결심한 것이다. 과연 그게 가능할까?

그는 지치고 포기하고 싶을 때마다 '긍정의 힘'을 믿었다. 장애 때문에 꿈을 포기하고 싶지 않았으므로 한계를 넘어서기 위해 노력했

나는 왜 인간관계가 힘들까?

다. 장애를 가졌다고 해서 남들에게 도움 받는 것을 당연시하지 않고 자신이 먼저 사람들을 위해 무엇을 해줄 수 있을까를 고민하며 살아왔다. 자신이 먼저 남을 배려할수록 더 큰 배려가 돌아오는 것을 깨달았던 것이다.

그는 꿈을 이루기 위해 대학교 컴퓨터공학과에 입학하여 꿈의 계단을 밟아 올라갔다. 자신의 한계를 넘기 위해 불가능해 보이는 지리산 종주에 도전하거나 홀로 자취생활을 하며 갖은 고생을 할 때도 미래에 대한 꿈과 희망이 약이었다. 그리고 마침내 컴퓨터공학 박사학위까지 취득하기에 이르렀다. 어떤 학문이든 박사학위까지 올라가기 위해서는 지난한 노력과 인내가 필요한 법이다. 장애가 없는 사람에게조차 쉽지 않은 일임에도 그는 당당히 자신의 분야에서 최고의 자리에 올랐을 뿐 아니라 장애인 최초로 5급 공무원에 채용되었다.

"나는 이 세상과 소통하기 위하여 최선을 다해 컴퓨터 프로그래머가 되고자 했다."

그가 만약 자신의 장애를 한탄하며 세상으로 향한 문을 닫은 채 살았다면 현재와 같은 성취는 물론 어떠한 희망도 갖지 못했을 것이다. 그러나 그는 세상과 소통하기를 간절히 원했다. 간절한 그의 바람은 장애라는 벽을 스스로 깨부술 용기와 인내심을 키우는 동력이 되었다.

그의 삶이 아름다운 이유는 끊임없는 자기 도전을 통해 세상과 소통하기 위해 노력했다는 사실 때문이다. 물론 보이지 않는 곳에서는 뇌성마비 장애인인 그의 도전이 무모하고 부질없다고 손가락질을 보낸 이들도 있을 것이다. 그럼에도 그는 보란 듯이 자신의 한계를 극복하고 현실의 벽을 뛰어 넘었다. 그 과정에는 낙천적인 마음자세도 중요한 역할을 했다. 열심히 노력하면 언젠가는 꿈을 이룰 수 있으리라는 긍정적인 생각은 시련과 고난 앞에서도 다시 일어설 힘이 되었던 것이다.

역경을 헤치고 삶의 목표를 달성하는 이야기들은 듣는 이에게 감동과 전율마저 느끼게 한다. 누구나 도전할 수는 있지만 아무나 이루지 못하는 성취, 더구나 그것이 신체적 장애를 딛고 일어선 자의 땀과 눈물 어린 값진 보상일 때는 더없는 기쁨을 주는 것이다.

이야기가 특히 감동적인 것은 그가 이룬 성취뿐 아니라 그 자신이 세상과 소통하기 위해 누구보다 노력했다는 사실 때문이 아니겠는가.

누군가 자신의 입장을 배려하고 위로하고 도와 주기를 바란 것이 아니라, 스스로 먼저 상대를 위해 무엇을 해줄까를 고민하고 적극적으로 손을 내밀었다는 사실과 세상을 긍정적으로 살아가는 자세가 사람들에게 의미 있는 메시지를 전하는 것이다.

세상에는 고난과 역경을 극복하고 힘차게 살아가는 사람들이 많이 있다. 마주 앉은 상대와 적절하게 대화할 실마리를 풀어내지 못해 힘겨울 때도 우리 주위의 이 같은 감동 스토리는 좋은 화제가 될 수 있다. 감동적이고 극적인 이야기들은 자칫 서먹서먹하고 어려운 대화의 순간에도 분위기를 다시 이끄는 데 효과적이다. 물론 일부러 그런

나는 왜 인간관계가 힘들까?

'필요의 순간'을 위해서만 극적인 이야기들을 찾아 외우라는 의미는 결코 아니다.

평소에도 우리 사회의 가슴 따뜻하고 극적인 이웃들의 이야기에 대한 지속적인 관심과 풍부한 감성이 전제되어야 할 것이다. 매일 매일의 치열하고 격정적이며 전투적인 삶 속에서 가끔씩 들려오는 인간 승리의 감동 드라마는 듣는 이에게 새로운 감성을 불러일으키며 공감대를 형성하고 진지한 소통의 욕구를 불러일으킬 것이 틀림없다.

당신이 들려주는 감동적인 이야기와 극적인 드라마는 상대의 닫힌 마음을 움직이는 힘이 있다. 그의 마음을 열고 함께 소통하고자 한다면 이러한 화제로 상대를 사로잡아 보는 것은 어떤가. 어쩌면 우리가 살아가는 소박한 이야기가 사람의 마음을 열고 경계를 풀게 하는 가장 쉬운 묘약일지도 모르기 때문이다.

겸손하되 비굴하지 않게

대화를 하다 보면 상대방의 태도에 대해 이런저런 느낌을 받게 된다. 한 가지 문제에 대해 의견을 나누더라도 옳고 그름에 대한 자신의 논리와 신념을 가지고 이야기하는 사람이 있는가 하면, 좀 더 목소리 크고 힘 있는 쪽의 의견에 따라 주장도 신념도 쉽게 굽히는 사람도 있기 때문이다.

그렇다고 무조건 자기주장만 내세우며 다른 사람의 의견에는 무조건 반대만 하는 것이 옳다는 말은 아니다. 상대방의 의사를 존중하면서도 자신의 소신에 따른 의사표현을 분명히 할 수 있어야 한다는 의미이다. 그렇지 않고 누군가 자신과 반대되는 주장을 하면 자신의 이해관계에 따라 줏대 없이 그쪽으로 쏠리는 사람은, 당장은 어떤 이익을 얻을지 몰라도 더 많은 사람들과의 좋은 관계는 포기해야 할 것이다.

사람과의 관계란 결국 소통의 문제이기 때문이다. 대인관계가 좋고 많은 이들과 특별한 문제없이 어울릴 수 있다는 것은 충분하고 원활한 의사소통이 가능하다는 의미이기도 하다. 사람들은 이왕이면 자신과 잘 통하는 상대와 어울리고 싶어 하기 마련이다. 자신의 말을 얼른 이해하지 못거나 고집불통처럼 남의 의견은 듣지 않고 자기 주장만 편다면 누구도 그와 더 이상 소통하려 하지 않을 것이다. 또한 상대방을 배려한다는 겸손의 의미를 곡해하여 지나치게 상대방의 뜻에만 맞추려 하는 사람은 줏대 없고 비굴한 인상을 줄 뿐이다. 비굴하고 줏대 없는 사람 역시 타인들과의 소통이 결코 쉽지 않다.

창립 10주년을 맞은 KP상사는 전 직원들이 함께 성대한 축하연을 열게 되었다.

"우리 KP상사 직원 여러분, 그동안 수고 많으셨습니다. 올해엔 우리 회사가 산업훈장도 받고 수출목표 20% 초과 달성도 이루었습니다. 모두 여러분의 노고 덕분입니다. 앞으로의 10년, 100년도 함께 만들어 갑시다! 오늘 하루만이라도 즐거운 시간을 보내시기 바랍니다."

사장의 축사가 끝난 뒤 직원들은 삼삼오오 모여 서서 근사한 식사와 음료, 다과를 즐기고 있었다. 이날만은 사장도 간부도 말단사원도 모두 한 자리에서 어울리며 허심탄회한 감회를 나누는 것이다.

한쪽에서 영업3팀의 직원들이 모여 서서 담소를 나누고 있을 때 여기저기 다니며 직원들과 인사를 나누던 사장과 전무이사가 다가왔다.

"사장님, 어서 오세요. 그동안 회사 키우시느라 사장님께서 고생 많으셨다고 저희들끼리 얘기하고 있었습니다."

팀장이 이렇게 말하자 사장도 겸손하게 대답했다.

"제가 무슨 고생을 했습니까. 다 여러분 덕분입니다."

그러자 전무이사가 말을 받았다.

"아, 무슨 말씀이세요. 사장님이 안 계셨으면 우리 KP상사가 오늘날 이렇게 성장할 수 없었죠. 다 망해가는 구멍가게 인수해서 이렇게 10배 이상 키우셨으니 다 사장님 덕분이죠."

"그런데, 사장님 궁금한 게 있는데요, 중국지사 파견 지원자는 안 받으시나요? 제가 그쪽에 관심이 많아서 중국어 공부도 하고 있는데요."

영업3팀 대리가 이렇게 말하자 전무이사가 얼른 말을 막고 나섰다.

"어허~ 이 사람, 중국지사는 아무나 가나? 엘리트 코스를 나오고 비즈니스 능력이 뛰어난 사람들만 가는 거야. 중국어에 능통해야 하는 것은 기본이고. 거기가 얼마나 중요한 시장인데……"

그러자 사장이 손을 저으며 끼어들었다.

"아니야, 누구라도 갈 수 있네. 열심히들 실력을 쌓게. 영업3팀이라면 우리 회사에서 가장 실력 있고 유능하며 팀워크가 좋은 부서 아닌가. 열심히 해 보라고. 길은 있을 테니까!"

"그래, 사장님 말씀이 맞아~. 열심히 하는 사람은 아무도 못 당하지. 하하!"

전무이사가 재빨리 맞장구를 치며 호들갑을 떨었다.

사람은 누구나 자신의 논리와 의견이 있다. 그리고 그것은 다른 사람과 늘 일치하지는 않는다. 위의 전무이사는 사장의 뜻을 정확히 알지 못할 뿐 아니라 그의 비위를 맞추기 위해, 자신이 방금 전에 한 말과 생각을 손바닥 뒤집듯 바꾸는 데 아무런 미련이 없다.

만약 그에게 중국지사 파견자의 자격에 대한 분명한 논리와 소신이 있었다면 그렇게 쉽게 번복하지 못했을 것이다. 그 사안에 대해 깊이 생각해본 적이 있었다면 아무리 사장이 반대 의견을 내더라도 좀 더 신중한 태도를 보였을지도 모른다.

그러나 그는 사장의 다른 의견에 곧바로 번복하고 영합해버림으로써 타인에게 줏대 없고 비굴한 인상을 주고 말았다. 그의 언행을 지켜본 사람은 어떤 생각을 갖게 될까. '저 사람과는 길게 얘기하면 안 되겠구나' 혹은 '저렇게 줏대 없이 윗사람 비위나 맞추려드는 사람이니 더 이상 상종하지 말자'하는 판단을 하게 되면 그를 아는 사람은 더 이상 대화는 물론 어떤 진지한 문제에 대해서도 서로 소통하려 하지 않을 것이다. 어떤 문제를 논의하려 해도 언제 어떻게 비굴하게 생각을 바꾸어 뒤통수를 칠지 모른다는 의혹을 받기 때문이다. 그러다 보면 주위의 누구도 진정으로 마음을 나누려 하지 않게 된다.

본인으로서는 상사를 잘 모시려다 보니 겸손이 지나쳐 비굴한 모습까지 나아갔는지 몰라도 그것은 결국 제 발등을 찍는 행위가 되었다. 어쩌면 그는 자신이 윗사람을 모시는 사람으로서 스스로 겸손하다고 생각할 수도 있다. 그러나 정말 그렇다면, 그야말로 겸손과 비굴함의 차이도 분명히 알지 못하는 어리석은 사람일 뿐이다. 상대를 존중하고 자기를 내세우지 않는 겸손과, 줏대 없이 경우에 따라 자신의 뜻을 쉽게 굽히고 저버리는 비굴함은 큰 차이가 있기 때문이다.

사람들은 소신껏 자신의 생각과 판단을 밀고 나가는 결단력 있는 당신의 모습에 더 끌릴 것이다. 진정한 소통을 원한다면 겸손하되 비굴하지는 말아야 할 것이다.

현지 음식 음미하기

여행은 좀 더 새로운 관계를 만들 수 있는 계기가 된다. 국내여행을 하더라도 어디에 가면 어떤 음식을 꼭 먹어봐야 여행의 재미를 더할 수 있다는 말을 한다. 곳곳에 숨겨진 유적이나 전통관습 등을 보고 경험하며 새로 아는 것도 여행의 큰 즐거움이지만 '금강산도 식후경'이라는 말처럼 그 지역의 특색이 담긴 음식을 먹는 것도 빼놓을 수 없이 중요한 일정이기 때문이다.

여행지의 전통과 특색이 담긴 음식은 그 지역 사람들의 생각과 삶의 모습을 짐작하게 하는 중요한 단서가 되기도 한다. 따라서 현지 음식을 현지인과 함께 나눔으로써 그들과 소통하는 것도 의미 있는 경험이다.

현지 음식으로 현지인과 소통하는 것은 해외여행의 경우 좀 더 특별한 의미로 다가올 수 있다. 인간의 생존을 위해 기본적이고 필수적 요소인 음식은 경우에 따라서는 그저 한 끼니 에너지원의 차원을 넘어, 타인과의 소통에 중요한 매개체가 되어 주기 때문이다.

미국 유학 중이던 유정 씨는 미국인 청년 제임스를 만나 사귀게 되었다. 깊은 정이 든 두 사람은 함께 살기로 결심했으나 고지식한 전라도 사람인 유정 씨 아버지의 결사적인 반대에 부딪히고 말았다.

"절대로 안 돼! 한국 사람은 한국 사람끼리 한국에서 살아야지 무슨 소리야!"

아버지는 갈색 머리에 파란 눈동자를 가진 청년 제임스를 만나 보려고도 하지 않고 막무가내로 버텼다. 몇 달 동안 아버지를 설득하던 유정 씨는 더 이상 미룰 수 없다는 판단에 제임스을 무조건 한국으로 불러들였다.

"아버지, 내일 제임스가 인사드리러 올 거예요. 반대를 하시더라도 일단 만나주세요. 부탁이에요!"

딸의 부탁에 아버지는 대답 대신 헛기침만 했다.

다음날, 제임스가 집에 도착했을 때 아버지는 인사도 받는 둥 마는 둥하고는 대뜸 아내부터 불렀다.

"이봐요, 여기 준비한 술상 내 오구려. 제대로 준비했겠지?"

그 말을 신호로 어머니는 막걸리와 삭힌 홍어, 그리고 삶은 돼지고기와 묵은 김치로 술상을 차려왔다. 그것을 본 유정 씨와 제임스는 잠시 당황했으나 어른이 권하는 것을 마다할 수는 없는 노릇이었다.

"자네가 우리 딸과 결혼하겠다는 미국 청년인가? 좋아, 오늘은 술이나 마시도록 하지. 이 음식은 내 고향 전라도 지방의 토속 음식이야. 한번 먹어보게, 어떻게 입에 맞을라나 모르겠네…?"

아버지는 짐짓 제임스의 표정을 살피며 막걸리도 한 사발 따라주었다. 제임스는 서툰 한국어를 더듬거리며 술잔을 비웠다. 그리고 예비

장인어른이 안주로 싸주는 '삼합'을 한입 가득 물고는 천천히 씹기 시작했다. 처음에는 그 맛의 독특함에 두 눈이 휘둥그레지며 어쩔 줄 모르는 표정이었으나 이내 향을 음미하듯 고개를 끄덕이는 것이었다.

"아버님, 하나 더 주세요. 맛있습니다. 향이 좋아요!"

서양인 청년이 눈빛을 반짝이며 이렇게 말하자 아버지는 깜짝 놀라고 말았다.

"아니, 그게 맛있어? 웬만한 한국 사람도 그 쏘는 맛에 기겁을 하는데, 이 녀석은 별종이로구만. 하하, 좋아. 얼마든지 먹어 보게!"

아버지는 반가운 기색으로 그와 막걸리 잔을 주거니 받거니 하며 밤이 깊도록 즐거운 시간을 보냈다.

다음날, 아버지는 흐뭇한 얼굴로 두 사람에게 이렇게 말했다.

"어제 홍어 삼합을 먹인 것은 일종의 시험이었지… 한국 여자와 결혼하면서 그 나라 음식에 대해 거부감이 있다면 그것도 적지 않은 문제가 될 거라고 생각했지. 그래서 다들 꽁지를 빼는 홍어 맛에 자네가 놀라 도망가 버리더라도 차라리 잘된 일로 생각하려고 했는데, 그게 아니었어! 자네가 어떻게 그렇게 우리 삭힌 홍어 맛을 좋아하는지 모르겠지만 정말로 맛나게 먹는 모습을 보고 내가 반했네. 자네는 내 사위 될 자격이 있어! 우리 유정이 행복하게 해주게!"

우리나라 전라도의 특산 음식인 삭힌 홍어는 보편적으로 대중적이라기보다는 그 특별한 맛을 즐기고 좋아하는 사람들에게 의미 있는 음식이다. 그런 음식을 뜻밖에도 벽안의 외국인이 맛나게 즐기는 것을 보면 누구라도 신기하게 여길 수밖에 없을 것이다.

아버지도 독특한 향에 놀라 기겁하는 모습을 기대했다가 오히려 아무 거부감 없이 맛나게 먹어치우는 이방인의 모습에는 자신도 모르게 닫혀 있던 마음이 활짝 열리게 되었다.

열심히 맛난 음식을 대접하고 권하는 데도 입에 맞지 않는다며 고개를 갸웃거리거나 수저를 놓아버리는 사람을 보면, 그가 아무리 이방인이고 음식 문화가 다르다는 점을 이해한다 해도 서운함과 함께 저도 모르게 마음의 문까지 닫아버리게 될 것이다.

물론 비위가 남보다 약하거나 하는 극단적인 이유로 색다른 음식을 쉽게 입에 대지 못하는 경우도 있을 수는 있다. 그렇게 극단적인 경우가 아니라면, 여행지에서뿐만 아니라 일상생활 속에서도 누군가 자신을 위해 정성스레 준비한 한 그릇의 음식에 진심어린 감사와 기쁨을 아낌없이 표현하는 제스처도 때로는 필요하다. 그것은 단순한 쇼가 아니라 상대방의 호의에 대한 예의의 표시이기 때문이다.

작은 것 하나에 감동받기도 하고 상처받기도 하는 사람의 마음을 열고 그와 기쁘게 소통하기를 원한다면 거기에는 반드시 성의표시가 필요하다.

여행 중에 입에 맞지 않는 현지 음식 때문에 힘들었던 경험이 있다면, 혹시 편견 때문은 아니었는지 생각해보자. 그 지역, 그 나라 사람과 진심으로 소통하기 원한다면 편견을 버리고 그들의 음식을 진심으로 나누어보는 용기가 필요하다.

자신을 믿고 존중하기

사람은 모두 동등하다는 전제 아래서만 서로 관계맺음이나 의사소통이 원활하게 이루어진다. 누구는 높고 누구는 상대적으로 낮다는 인식 상태에서는 원만한 대인관계를 기대하기 어렵다. 인간은 평등하게 태어나며 개개인은 모두 존중받을 권리가 있기 때문이다. 그러나 그것은 다른 사람에 의해 인정받는 것이 아니다. 우리 스스로 자신에 대하여 가치 있고 긍정적인 존재로 평가하는 자아존중감을 확립하는 것이 중요하다.

이러한 자아존중감은 때때로 변하기도 하지만 대체로 어느 정도까지는 변치 않는다고 한다. 그러나 대인관계나 개인적 경험의 과정에서 성공보다 실패의 경험들이 반복되다 보면 스스로에 대한 가치평가의 기준이 점점 낮아진다. 즉, 이전까지는 꽤 어려운 과제수행도 문제없었으나 우연찮게 실패를 경험하고 그것이 되풀이되고 그 과정에서 좌절과 두려움을 맛보게 되면 스스로에 대하여 '쓸모없는 인간'이라거나 '아무 것도 할 수 없다'는 식의 부정적인 평가를 내리게 되는 것이다.

그러다 보면 모든 대인관계로까지 그러한 자기 인식이 확장되고 일반화되어 적용됨으로써 자신의 자아존중감은 더욱 낮아지게 된다. 그 상태에서는 의사소통 과정에서 아무리 조심스레 접근한다 해도 자신의 진짜 의도와는 다른 방향으로 대화가 흘러가기도 하고, 심지어는 자신의 뜻이 아예 상대방에게 전해지지 않는 부정적 경험을 반복할 수도 있다.

그로 인해 또다시 "나는 안 돼. 아무와도 소통하지 못해"하는 자기 부정, 자기 비하의 지경으로 나아가게 된다. 자기 부정과 자기 비하, 낮은 자아존중감은 어느 경우에도 타인과의 의사소통을 어렵게 한다.

대학에서 석사학위까지 받은 K씨는 서른이 넘도록 뚜렷한 직장을 잡지 못했다. 그는 수년 동안 수천 장의 이력서를 썼지만 취업의 문은 쉽게 열리지 않았다.

마흔 살을 바라보는 나이가 된 어느 날, 우연히 환경미화원 모집 공고가 눈에 띄었다. '공개채용 정규직으로, 60세까지 정년이 보장된' 안정된 일자리였다. 그는 아무런 망설임 없이 이력서를 제출했다.

"이것이 마지막 도전이다!"

스스로 이렇게 비장한 결심을 하고, 얼마 후 체력테스트에 임했다. 한겨울의 찬바람이 몰아치는 중학교 운동장에서 그는 20kg짜리 모래주머니를 지고 50m에 이르는 거리를 죽어라 달렸다. 남보다 빨리, 적어도 18초에는 결승선에 들어와야 했다. 그러나 중등학교를 졸업한 지 20여 년 만에 다시 달려보는 그에게 50m 거리는 아득하기만

나는 왜 인간관계가 힘들까?

했다. 그의 기록은 결국 20초가 훨씬 넘어버렸고, 마지막 이력서는 휴지 조각이 되어 어느 환경 미화원의 쓰레기통으로 쓸려 들어가게 될 것이다.

최종적으로 불합격 사실을 확인한 그는 지친 몸으로 친구와 함께 술잔을 기울이며 이렇게 중얼거렸다.

"나 같은 놈이 뭘 하겠냐. 학교를 졸업할 때까지만 해도 세상은 내 편이었는데, 그 후로 지난 세월 동안 내가 뭘 했냐? 그동안 수없이 써 댄 이력서는 수천 장에 이를 텐데, 한 번도 변변한 직업을 갖지 못했으니. 난 차라리 죽는 게 낫겠다. 내가 하는 일이 다 그렇지 뭐… 방안에 앉아서 책이나 보고 이력서나 보내는 소극적인 나한테 무슨 좋은 일이 있겠냐. 잘 되면 그게 더 이상하지. 환경미화원도 아무나 하는 게 아니야. 달리기도 잘 해야 하고 무거운 짐도 날라야 해. 그것도 못하는 내가 뭔들 하겠어?"

"왜 자꾸 그런 생각을 하나? 그래도 넌 최선을 다해서 살고 있잖아. 그깟 환경미화원 시험에 낙방했다고 그런 소릴 해?"

위로랍시고 하는 친구의 말에 그는 더욱 의기소침해져서 또다시 넋두리하듯 중얼거렸다.

"그러게 말이다. 그깟 시험에도 떨어졌으니 말이다. 당당하게 합격했어도 자랑하기 어려운데 이건……차라리 쥐구멍에라도 숨고 싶다."

그는 오랜 시간 동안의 룸펜 생활로 지치고 우울한 상태였다. 그로 인해 어떤 과제에서 성공할 수 있다는 자신감, 즉 자아존중감이 매우 낮은 상태였던 것이다. 그런 상황에서는 어떤 충고나 조언, 위로의 말도 도움이 되지 않는다. 이미 스스로에 대해 아무것도 할 수 없는 상태라는 부정적 평가를 내려버렸기 때문이다.

그런 그에게 "넌 잘할 수 있어"라는 말은 용기를 북돋는 응원이 아니라 더욱 그 자신을 비아냥거리는 소리로 들릴 뿐이다. 이와 같이 자아존중감이 낮아진 상태에서는 더욱 자신의 생각과 느낌을 제대로 표현하기 어려워 타인과의 의사소통이 쉽지 않다. 자신의 약점에만 지나치게 집중한 나머지 자신의 능력을 과소평가하고 비하하게 될 뿐이다.

이러한 상황에서 벗어나기 위해서는 자신의 모습을 그대로 객관적으로 바라보는 노력이 필요하다. 강하고 성공적이었던 과거의 모습에만 집착하지 말고 현재의 실패를 받아들이는 것이다. 현재의 모습 그대로를 인정하고 받아들임으로써 자아존중감을 회복하는 시도가 가능해질 것이다. 스스로를 존중하고 사랑하지 않는 사람은 그 누구의 존중도 받을 수 없을 뿐 아니라 진정한 소통에도 이르지 못할 것이기 때문이다.

나는 왜 인간관계가 힘들까?

사생활은 화제로 삼지 않기

개인의 생활영역을 존중하는 서양인들에 비해서 우리나라 사람들은 주위 사람들의 시시콜콜한 개인사에 관심이 많은 편이다. 가족이나 아주 가까운 관계에서는 그것이 그리 문제시되지도 않을 뿐더러, 서로에 대해 얼마나 잘 아느냐를 가지고 친밀도를 가늠하기도 한다.

하지만 사회생활을 하면서 맺게 되는 수많은 관계들이 모두 이처럼 극도의 친밀성을 전제로 하지는 않는다. 그러므로 다양한 관계 속에서 대화가 오가고 서로에 대해 알아가는 과정에서 주의해야 하는 점도 바로 이것이다. 상대와 말이 좀 통한다 싶어 즐거운 마음으로 이런저런 이야기를 주고받다 보면 자칫 오버를 하게 된다.

흔히 나이가 몇이냐, 결혼은 했느냐, 왜 안 했느냐, 독신주의냐 정도는 보통이고, 국제결혼을 한 사람을 만나기라도 하면 호기심이 더욱 발동하여 "어떻게 외국인과 결혼하게 됐느냐"에까지 나아가기도 하는 것을 볼 수 있다.

어찌 보면 흔한 호구조사 정도인데 뭘 그런가 할 수도 있으나 질문

받는 당사자의 입장에서는 대답하고 싶지 않은 경우도 있으므로 문제가 된다. 원치 않는 사적인 질문을 받다 보면 상대방에 대하여 그동안 가졌던 호감마저도 거두어들이고 싶어진다. 그러므로 아주 친한 사람이라 할지라도 실례가 될 수 있는 사적인 질문은 하지 않는 게 예의이다. 서로를 좀 더 잘 알고자 나름대로 소통을 위한 화법을 구사했으나 결과적으로는 오히려 마음을 닫아걸게 만들 수도 있기 때문이다.

직장 선후배 사이인 최영수 씨와 신동호 씨는 함께 외근을 나가게 되었다. 차를 타고 이동하면서 이런저런 이야기를 주고받던 중 선배인 최영수 씨가 후배 신동호 씨에게 물었다.

"동호씨, 들리는 말로는 아들이 있다던데? 총각 아니었어? 어떻게 된 거야?"

뜻밖의 질문에 신동호 씨는 당황하여 어물어물 이렇게 대답했다.

"그게…그렇게 됐습니다."

"그냥 은근슬쩍 넘어가려 하지 말고 속 시원하게 얘기 좀 해보라고, 궁금하니까. 여자가 애만 낳아 놓고 도망갔나?"

신동호 씨는 호적상 미혼부였다. 남보다 조금 이른 나이에 혼인신고도 없이 살다가 아이를 낳고 얼마 지나지 않아 아내가 교통사고로 사망했기 때문이다. 입사 전의 일이었으니 그로서는 그런 사실이 알려지는 것을 굳이 원치 않았던 것이다.

"아, 아니에요."

그가 다시 곤란한 듯 우물거렸지만 눈치 없는 최영수는 포기하지

나는 왜 인간관계가 힘들까?

않고 캐물었다.

"나한테만 말해보라니까. 우리 사이에 숨길 얘기가 뭐 있어. 일찍 사고를 친 거야? 그런데 여자가 내뺀 거 맞지, 그렇지?"

"그렇지 않습니다. 미처 혼인신고를 하기 전에 아내가 아이 낳고 얼마 후 사고로, 세상을 떠났습니다… 그래서 본의 아니게 미혼부가 된 거죠. 팀장님, 아무리 선배지만 남의 사생활에 대한 관심이 좀 과하시네요. 누구나 밝히고 싶지 않은 부분은 있게 마련이잖아요."

그 전까지 두 사람은 업무처리에 있어 누구보다 좋은 파트너였으나 이후로는 관계가 서먹서먹해지고 말았다.

선배인 최영수 씨로서는 직장 내에서 좋은 파트너며 가까운 선후배 사이이므로 허심탄회하게 모든 것을 공유할 수 있다고 생각했으나 그것은 본인의 생각일 뿐이다. 가까운 사이일지라도 개인적인 문제에 관한 사항은 아무리 궁금해도 섣불리 호기심을 표현하는 것은 예의가 아니다. 또한 가까운 사이에서는 뭐든지 통한다는 착각에서도 벗어나야 한다. 그랬더라면 당사자에게는 아픔이면서 약점이기도 한 사생활에 대해 호기심조로 캐묻거나 하는 실수는 범하지 않았을지도 모른다.

어느 날 갑자기 뉴스의 인물로 대중 앞에 떠오르는 사람들의 경우에도 그렇다. 그가 좀 특이한 인생 이력이 있는 주인공일 때 특히 그의 업적과 미래에 대한 이야기보다는 그가 태어나고 성장하게 된 배경과 스토리에 대한 관심이 더 많다. 예를 들어, 그 어머니가 미군 부대 앞 클럽 가수 출신이라거나, 아버지가 흑인 군인이었다거나 하는 식의 과거에 대하여 초점이 맞춰지곤 한다. 대중매체는 대중들이 관심 있어 할 부분에 대해 취재를 하게 마련이지만 그 어머니나 아버지의 출신 혹은 가족사에 대한 시시콜콜한 보도는 당사자와 가족에게는 상처가 될 수도 있다.

이처럼 당사자가 원치 않는 사실을 지나치게 캐고 들어가는 것은 사생활 침해에 해당된다. 물론 그 주인공의 성공 스토리에서 가족 이야기도 필요한 부분이기는 하다. 그러나 기본적인 예의를 지켜주는 노력 또한 반드시 필요한 요소이다. 원치 않는 사생활을 침해당한 당사자는 그 일로 인해 대중들과 더욱 소통하게 되어서 기쁜 것이 아니라 발가벗겨진 느낌에 오히려 당황하고 분노할 수 있기 때문이다.

누군가와 좀 더 오래 좋은 관계를 유지하고 서로 잘 소통하고 싶다면 그에 대해 시시콜콜 한 호기심을 거두기를 권하고 싶다. 상대방의 사적인 부분에 대해 잘 안다고 해서 결코 친밀감이 더 깊어지는 것도 아니다. 사생활에 대한 지나친 호기심은 개인 사이에 있어서도 소통이 아닌 단절을 초래할 수 있다. 나에게는 아무것도 아닌 질문이, 나에게는 흥밋거리에 불과한 질문 하나가, 상대에게는 불쾌감을 줄 수도 있다는 사실을 기억하라.

상대의 사생활을 존중하고 이해하는 마음이 통할 때 비로소 진정한 소통이 가능할 것이기 때문이다.

나는 왜 인간관계가 힘들까?

03

세대를 뛰어넘어
소통하라

불통의 제물, 세월호

"여보세요!! 배가 가라앉고 있어요! 살려주세요!"

"살려주세요!! 배가 기울어졌어요… 살려주세요!"

"벌써 한명이 물에 빠졌다고요!!"

아이들은 지푸라기라도 잡는 심정으로 앞 다투어 119로 전화를 걸었다. 119라는 번호 하나면 언제 어디서나 구조 받을 수 있을 줄 알았다. 그러나 2014년 4월 16일, 세월호를 타고 제주도 수학여행길에 올랐던 325명의 단원고 학생들을 비롯한 476명의 승객들 가운데 304명의 희생자들은 끝내 뭍으로 돌아오지 못하고 말았다.

그날의 사고는 아무도 예상치 못한 것이었다. 2014년 4월 16일 아침 9시경, 세월호 승객들에게 '악몽' 같은 하루가 시작되었다. 느닷없이 '꽝'하는 소리와 함께 급격히 배가 한쪽으로 쏠리는 느낌이 들었다. 이어서 배는 왼쪽으로 빠르게 기울기 시작했다.

세월호는 그렇게 침몰하기 시작했다. 해경이 이날 긴급구조요청을 받은 시각은 오전 8시55분쯤이었다.

2014년 4월 15일, 세월호는 원래 출발 시간인 오후 6시30분보다 2시간 남짓 지체된 밤 9시쯤 인천 여객터미널을 떠나 제주도로 향했다. 바다에 짙은 안개 때문에 출항이 늦어졌던 것이다. 시간이 지나면서 안개가 조금 걷히자 늦게나마 출발이 결정되었다. 배에 타고 있던 승객들 중에서도 단원고 2학년생 325명은 다음날부터 이어질 제주도에서의 수학여행 일정에 대한 기대로 부푼 꿈을 꾸며 잠이 들었다. 그러나 이들 중 단 한 명도 아름다운 수학여행의 추억을 만들지 못했다. 이날 제주로 향하던 여객선 세월호는 전남 진도군 병풍도 앞 인근 해상에서 침몰함으로써 수백 명의 사망·실종자가 발생하는 엄청난 참사를 일으켰기 때문이다.

이 사고로 탑승객 476명 가운데 생존자는 172명에 불과했다.

뜻밖에도, 배가 한쪽으로 기울고 완전 침몰하기까지 걸린 시간은 3~4시간 남짓이었다. 구조요청 소식이 전해지고 인근 해역을 지나던 고깃배들도 함께 구조에 나섰으나 세월호는 빠르게 물속으로 사라져가고 말았다. 하릴없이 가라앉는 침몰선에서 가까스로 벗어난 생존자들은 뜻밖의 말을 전했다.

"선내에서 '위험하니 움직이지 말고 가만히 있으라'는 안내방송이 나왔다."

움직이면 더 위험하므로 선실 내에서 구조를 기다리라는 안내방송만 믿고 수많은 학생들과 승객들은 배에 물이 차는 순간까지도 선실에 남아 있었던 것이다. 그와 같은 증언은 잠수부들이 수중 수색도중

습득한 아이들의 휴대전화 영상 속에서도 분명히 확인되었다.

그와 같은 안내방송이 나오는 동안 세월호 운항책임자들은 어디에 있었던가. 그들은 대부분 어떤 승객들보다도 빠르고 민첩하게 침몰하는 배로부터 탈출했다. 더욱이 최후까지도 승객들의 안전을 책임지고 대처해야 할 선장과 3등 항해사, 조타수의 탈출소식은 사고 당사자들은 물론 사고소식을 접하고 슬픔에 빠진 국민들에게 매우 충격적이고 당혹스러운 사실일 수밖에 없었다.

국민들은 특히 선장 이준석의 구조상황을 텔레비전 화면을 통해 지켜볼 수 있었다. 구조당시 화면에서 그는 속옷차림으로 구조대원의 부축을 받으며 안전하게 구조선으로 옮겨 타고 있었다. 그 역시 사람이기에 살고 싶다는 욕망을 감출 수는 없었으리라고 이해할 수는 있다. 그렇다 하더라도, 자신이 구조되는 순간에 구조대원들에게 단 한마디만 해주었더라면 지금과는 좀 다른 결과가 나왔을 지도 모른다.

"구조하러 와줘서 감사합니다. 배 안에는 많은 사람들이 구조의 손길을 기다리고 있습니다. 어서 진입해서 한 사람이라도 더 구해주십시오!"

이 말 한마디 하기가 그렇게 어려웠을까? 일단 자신의 목숨은 건졌으니 다른 사람들이야 죽거나 살거나 내 알 바 아니라는 뜻이었을까?

그는 수백 명의 승객을 태운 대형여객선의 선장이었다. 선장은 배와 함께 운명을 같이 해야 한다고 배웠을 것이고, 누구보다 그 점에 대해 잘 아는 책임자였기에 오히려, 차마 그 말을 하지 못한 것은 아닐까.

'내가 선장인데, 사람들을 먼저 대피시켜야 하는데 내가 먼저 살겠다고 도망치다니…절대로 내가 선장이라는 사실이 알려져선 안 된다. 나는 아무것도 모르는 일개 승객인 척 해야 한다…'

아마도 그는 속옷차림으로 배를 벗어나며 절박하게도 이런 생각으로 머릿속이 어지러웠던 것은 아닐까.

그러므로 세월호 희생자 304명은 배가 가라앉아서 죽은 게 아니다. 물리적으로는 침몰선에 갇혀 세상을 떠났으나 그들을 죽음으로 내몬 것은 선장을 비롯한 운항관계자들의 침묵과 소통부재가 결정적인 이유이다. 배가 기울어진 다음에라도 빠르게 탈출하도록 정확한 안내방송이 있었더라면, 구조된 선장이나 조타수, 항해사 등이 배 안에 남아 있는 승객들의 구조를 위해 적극적으로 노력했더라면 폭탄이 떨어졌거나 잠수함에 부딪혔다 한들, 좀 더 많은 사람들의 생명을 구할 수 있었을 것이라고 믿어 의심치 않는다.

세월호 사고가 일어난 10여일 후인 2014년 4월 26일 스페인에서도 비슷한 여객선 사고가 있었다. 그것은 스페인 카나리아제도 근해에서 승객 334명을 태운 여객선의 화재 사고였다. 그러나 그 사고에서 구출되지 못한 승객은 없었다는 사실이 놀라울 따름이다. 출항 20분 만에 차고에 있던 트럭 엔진에서 시작된 불이 큰 화재로 번졌지만 선장과 선원, 해경의 빠른 대응으로 승객들을 모두 구조할 수 있었던 것이다.

사고를 알고 난 뒤 선장과 선원들은 비상벨로 승객들에게 화재 사실을 정확히 알린 뒤 배가 쏠리지 않도록 좌현과 우현에 인원을 절반으로 나누어 갑판으로 이동시키며 침착하게 대처한 것이다. 이후 해경 헬기와 배 한 척이 발 빠르게 도착했고 구조 당국의 지시에 따르며 무사히 출항지로 되돌아온 여객선에서 승객 319명과 승무원 15명이 모두 무사히 구출된 것이다.

이와 같은 소식을 접한 사람들은 우리의 세월호 사고와 분명하게 비교되는 사고 대처방식에 대하여 감탄하며, 대한민국의 응급사고 대처방식에 대하여 참담함을 금치 못했다.

버스에 오르는 순간, 운전기사에게 승객들을 목적지까지 안전하게 이동시킬 책임과 의무가 있듯이 여객선의 선장과 승무원들 역시 자신들의 배에 오르는 승객들의 안전을 위해 처음부터 끝까지 책임과 의무를 다해야 한다. 그러나 세월호의 승무원들은 아무것도 모르고 오로지 안전하게 구조해줄 것이라 믿는 승객들의 눈과 귀를 막고 진실조차 알리지 않았다.

뿐만 아니라 '선실 내에 있는 것이 더 안전하니 믿고 기다리라'는 거짓말로 안심시키며 죽음의 길로 내몰았다. 사고 순간 승무원들에게 필요한 것은 잠깐의 눈속임이나 거짓된 정보로 승객들을 안심시키는 것이 아니라 진실을 알리고 적극적으로 협력하여 모두 함께 살아

나갈 방법을 찾도록 독려하는 것이 아니겠는가.

세월호 승무원의 무책임과 불통의지는 컨트롤타워로서의 대통령의 그날의 미스터리한 행적에서도 여실히 나타난다. 세월호가 침몰하고 모두가 당황하여 우왕좌왕한 가운데서도 바르고 명확한 지시를 기대했던 현장구조요원들에게 무려 7시간동안의 미스터리한 대통령의 침묵은 어떤 의미인가. 국민과 소통하지 않으며 관심조차 없고 국민의 안전과 생사에 무관심한 대통령의 말없는 7시간에서 우리 모두는 분노와 울분을 금치 못했다. 그런 의미에서 세월호 선장은 대통령의 아바타였다고 해도 크게 틀린 말은 아닐 것이다.

2014년 4월 16일의 비밀을 간직한 채 깊은 바다 밑으로 가라앉았던 세월호는 참사 발생 1091만인 2017년 4월 11일, 무려 3년이 걸려서야 그날의 진실과 마주하게 되리라는 기대를 품고 뭍으로 올라왔다. 더 이상 아무것도 감추지 말고 있는 그대로의 진실을 밝혀주기를, 솔직한 자세로 국민과 소통하고 진실하게 대화하는 책임자를 국민들은 원한다. 진실한 자세로 끝까지 책임을 다했음에도 어쩔 수 없이 따르는 희생에 대해서까지 비난할 사람은 없을 것이다. 끝까지 최선을 다했다면 진심은 전해질 것이기 때문이다.

의사_소통, 닥터 커뮤니케이션

다른 사람이 말로써 표현하는 증상을 듣고 어떤 질병이라는 결론을 내리기까지 의사는 무수한 임상경험과 축적된 연구결과들을 참고할 것이다. 환자는 혹시 조금이라도 빠뜨리거나 잘못 설명하게 될까 봐 노심초사하며 의사에게 자신의 증상에 대해 설명하고 표현하려 진땀을 뺀다. 그리고 좀 더 자세한 설명을 듣고 충분한 의사소통을 하고 싶어 하지만 의사는 늘 빠듯한 진료시간에 쉼 없이 밀려드는 환자들을 받기에 바빠서 환자 한 사람에게 그리 긴 시간을 할애할 수가 없다. 그러니 환자와 의사는 어느새 관성적인 관계로 전락하고 만다.

어느 외과의사가 수술을 기막히게 잘 한다는 소문을 듣고 아픈 사람들이 그의 진료실로 몰려들었다. 그러나 환자들이 그에게 진료 받을 수 있는 시간은 고작해야 2~3분이었다. 몇 시간씩 기다렸다가 차례가 되어 진료실에 들어가도, 몇 마디 하기도 전에 의사는 자신이 필요한 질문만 던지고 환자는 거기에 바쁘게 대답하다가 얼른 밖으로 밀려나와야 했다. 아쉬운 마음에 환자가 한 마디라도 더 물을라치면

나는 왜 인간관계가 힘들까?

의사는 이렇게 퉁명스레 대꾸했다.

"나가서 기다리세요. 수술절차에 대해서는 간호사가 설명해드릴 겁니다."

의사에게 직접 묻고 싶은 말이 있어도 환자는 그럴 수가 없었다. 입원실에 누워있는 환자들을 돌아볼 때도 마찬가지였다. 환자가 자신의 상태에 대해 궁금해서 질문을 해도 들은 체 만체할 뿐이었다. 모두들 그의 불친절이 불만스러웠으나 혹시 불이익이라도 당할까 싶어 아무도 큰소리로 떠들지는 못했다. 한 번은 큰 수술을 받은 환자의 보호자가 이렇게 물었다.

"선생님, 어머니가 아직도 수술 받은 부위 통증이 심한 듯한데 왜 그런 거죠?"

의사는 귀찮은 듯 대꾸했다.

"수술한 지 얼마나 지났다고 그래요? 좀 기다려 봐요. 간호사, 주사 몇 대 더 놔드려."

그 말에 환자 보호자는 더 이상 아무 말도 하지 못했다.

그런데 얼마 후 정기검진을 받은 의사는 뜻밖에도 대장암 통보를 받았다. 그때부터 그는 병마와 싸우기 시작했다. 큰 병원의 암전문의에게 진료를 받으러 다니는 동안 그는 답답함을 느꼈다. 자신의 병에 대해 더 자세히 좀더 충분한 설명을 해주었으면 좋겠는데 아무리 들어도 웬일인지 성에 차지 않았다.

'이것들이 나를 무시하는 거야, 뭐야? 나도 의사야. 자세히 얘길 해

줘야 알 거 아냐.'

그렇게 속상해하던 그는 문득 자신의 환자들이 생각났다.

'나도 그랬었나? 나한테 진료 받으러 온 사람들이 자신의 상태에 대해 궁금해 할 때 저렇게 무심하게 대했다면 얼마나 속상하고 답답했을까.'

그제야 그는 자신이 그동안 얼마나 인정머리 없는 의사였는가를 되돌아보게 되었다. 그 후 의사는 몇 년에 걸친 암과의 사투에서 이겨내고 다시 환자들을 진료할 수 있게 되었다.

진료실로 돌아온 그는 암 투병 이전의 자신의 잘못을 깨닫고 진정한 의술을 베풀기 위해 노력하였다. 그가 암 투병을 하며 느낀 것은 무엇일까. 그것은 자신이 예전에는 환자들과 진정한 소통을 하지 못했다는 사실이었다. 환자들은 자신의 병에 대해, 수술 후의 경과에 대해 충분히 걱정스러워하며 자세하고 친절한 설명을 듣고 싶어 했으나 그는 바쁜 시간을 빼앗기지 않기 위해 애를 쓰며 그들의 근심을 외면했다는 사실을 깨달았다.

"그래, 진정한 의사는 환자의 심정을 헤아리고 그들의 마음까지도 치료해줄 수 있어야 하는 거야. 나는 환자들의 소리를 듣지 않았어."

늦은 후회였지만 그 자신이 환자가 되어본 뒤에야 그들의 입장을 이해하고 함께 소통하는 진정한 의사로 거듭날 수 있게 되었다.

2006년 경 서울의 어느 대학 근처에는 독특한 콘셉트의 병원이 생겼다.

그곳은 한 특별한 의사가 환자와의 소통에 관심을 갖고 환자의 소리를 귀담아 듣기 위해 시작한 의미 있는 공간이었다. 더욱이 진료 뿐 아니라 커피를 마시며 휴식을 취할 수도 있는 카페도 겸하고 있다는 점이 특별하다. 카페 역시 사람과 사람 사이의 소통의 장으로써 의미 있는 장소가 되었다.

'카페이자 병원'이기도 한 그 공간의 주인 의사는 진료시간에 구애받지 않고 환자가 필요하다고 느끼는 시간만큼 면담 진료를 하였다. 한 시간이 걸리더라도 그 환자가 만족할 때까지 이야기할 시간을 주고 의사는 그 소리에 귀 기울이는 것이다. 이 같은 환자와 의사의 충분한 소통은 과잉진료나 오진을 줄이는 것은 물론, 어느새 상업적으로 변해버린 의료 환경을 인간적인 상황으로 되돌리는 의미 있는 시도가 되었다.

마음의 병은 몸까지 병들게 한다. 환자의 마음을 들여다보고 무엇이 문제의 싹인가를 우선 알아내는 것이 진정한 의술이 아닐까.

소독약을 바르고 약을 먹는다고 해서 마음의 병이 낫지는 않는다. 환자에게 정말 중요하고 필요한 것이 무엇인지 헤아리려는 마음가짐, 그것이 진정한 소통의 시발점이다.

혹, 몸보다 더 깊은 마음속의 통증은 외면한 채 환자에게 더 많은 주사제와 항생제를 처방하기 위해 인간성은 잠시 금고에 넣어두었다면, 이제부터라도 생각을 바꿔보는 것은 어떨지?

살아남은 자들의 소통

사람은 태어나면서부터 수많은 관계 속에 얽혀 살아간다. 부모와 자식으로서의 관계, 형제 자매 관계, 상사와 부하직원의 관계, 이웃사촌으로서의 관계… 관계의 거리가 멀어질수록 정이나 관대함보다는 냉정함과 비판성이 증가되는 속성이 있다.

그러다 보니 자신의 일이 아닌 먼 타인에게 일어난 일에 대해서는 자초지종에 대한 깊은 이해보다는 표면적이고 섣부른 판단이 앞서기도 한다.

수많은 인간관계 속에서 자칫 뒤틀린 매듭을 풀지 못하고 스스로 목숨을 끊는 극단적인 선택을 하는 경우도 있다. 사고사와 달리 스스로 목숨을 끊는 행위는 당사자뿐만 아니라 그 가족에게 미치는 고통으로 인해 더욱 비극적이다. 자신의 가족이 자살을 했다는 이유만으로, 죽음을 막지 못했다는 사실에 가족으로서 책임을 다하지 못했다는 죄책감과 수치심을 느끼기 때문이다. 또한 죽은 가족에 대하여 분노를 느끼기도 한다. 그럼으로써 자살자의 가족들은 사건의 당사자로서 받는 스트레스가 크지만 그것을 해소할 방법을 찾지 못해 우울증과 불안, 수면장애 증상에 시달린다. 심하면 그 자신마저 자살이라는 극단적 선택을 하기도 한다.

이처럼 자살자 유가족들은 가족의 죽음에 책임 당사자라는 주변의 잘못된 시선과 인식 때문에 어디에도 속 시원하게 자신의 심정을 하소연하지 못하는 것은 물론, 적절한 애도와 슬픔의 감정도 드러내지 못함으로써 마음의 병을 얻게 된다.

이들의 마음의 병을 치유하기 위해서 중요한 것이 바로 소통이다. 그래서 시작된 것이 '자살 유가족들의 자조모임'이다. 자살자의 유가족들이 모여 각자의 경우를 이야기하고 다른 유가족들의 경험을 수용함으로써 서로 위로를 얻는 효과가 있다.

수 년 전의 일이다. 금융기관의 중간간부로 근무하던 40대 직장인 장형수 씨는 회사가 구조조정에 휘말리자, 팀원들 몇몇을 해고하라는 지시를 받게되었다. 그러나 그는 그동안 동고동락해온 동료직원들을 차마 자신의 손으로 자를 수 없어 며칠을 고민했다. 그러던 중 그는 차라리 자신이 사표를 던지는 것으로 결론을 내고 말았다. 그로써 문제가 해결되었을까.

그에게도 먹여 살려야 할 가족들이 있었다. 마침내 이러지도 저러지도 못하는 심정이 된 그는 며칠 후 아내와 함께 결혼기념일 여행을 떠났다. 그러나 고속도로를 가던 중 휴게소에 들러 담배를 피운다며 화장실 쪽으로 간 남편은 아무리 기다려도 돌아오지 않았다.

아내는 이상한 생각에 남편을 찾기 시작했다. 한참 후에야 남편을 발견했으나 그는 이미 화장실 뒷벽에 기대어 세워진 철제 사다리에 넥타이로 목을 맨 뒤였다. 아내의 비명을 들은 사람들이 달려와 필사적으로 그를 끄집어 내렸으나 병원으로 가는 도중에 결국 숨이 끊어지고 말았다.

죽을힘을 다해 남편을 구하려 했음에도 결과가 그렇게 되자 결혼 초부터 며느리가 마음에 들지 않았던 시부모는 그녀에게 비난의 화살을 던졌다.

"죽어도 못 헤어진다며 결혼하더니 결국은 네 년이 남편을 잡아먹는구나. 독한 년 같으니라고!"

남편의 죽음을 목격한 당사자로서의 충격과 스트레스만으로도 그녀는 엄청난 혼란에 휩싸여 있었다. 그런데도 주위에서조차 싸늘하고 냉담하게 반응하는 것은 참기 힘든 일이었다. 그것을 견디다 못한 그녀 스스로도 자살 충동을 느끼곤 했다. 누구보다 위로하고 감싸주어야 할 시부모가 그렇게 나오자 그녀는 어디에도 자신의 심정을 하소연할 수가 없었다.

그 이후로 그녀는 몇 년째 날마다 불면증과 우울증, 죽은 남편에 대한 분노로 하루하루가 고통스럽기만 했다.

그러던 중 자살자 유가족 모임이 있다는 것을 알게 되었다. 모임에 나가서야 그녀는 비로소 조금씩 닫힌 마음이 열리고 쌓여 있던 분노와 고통스런 감정이 희석되는 것을 느끼기 시작했다.

나는 왜 인간관계가 힘들까?

이처럼 자살자 유가족들이 심적 고통에 시달리는 이유는 충분한 애도 과정을 갖지 못했기 때문이다. 어떤 죽음이든 슬프고 안타깝지 않은 것은 없다. 그럼에도 특히 자살에 대한 부정적 사회인식 때문에 유가족들 혼자서만 슬픔을 끌어안은 채 살아가게 되는 것이다. 주위의 냉담한 시선 때문에 속으로만 삭이다 보면 그 자신이 우울증과 같은 마음의 병을 앓게 되고 나아가 똑같은 방법으로 생을 마감하는 잘못된 선택을 할 수도 있다.

그러므로 주변 사람들의 생각이 먼저 바뀌어야 한다. 유가족들이 슬플까 봐, 혹은 아픈 데를 건드릴까봐 일부러 외면하고 모르는 체할 것이 아니라 진심어린 애정과 관심을 보여야 한다. 유가족들도 슬픔에 대한 감정을 무조건 삭이기만 할 것이 아니라 드러내서 표현하는 것이 매우 중요하다.

이들 유가족 모임은 자신과 같은 아픔을 가진 이들이 있다는 것을 알게 되면 위로를 얻는 것은 물론 혼자만의 슬픔에 젖어 세상과 단절된 듯한 고립감에서 벗어나 고통을 이겨낼 힘을 얻을 수 있는 긍정적 소통의 힘을 보여준다. 모임을 통해 현재의 절망적인 심리적 상황을 극복하고 이겨낼 수 있는 새로운 방법을 배우는 기회가 되기도 한다. 같은 경험을 공유함으로써 비슷하게 겪는 두려움과 걱정에 대해 터놓고 의논할 수 있으며, 그런 과정을 통해 자신의 삶을 스스로 통제할 수 있다는 긍정적 사고도 가능해진다.

이처럼 능동적이고 긍정적인 인식의 변화를 가능하게 하는 것이 바로 소통이다.

혼자만의 방에 숨어 있을 때는 아무런 대안도 긍정적인 인식도 할 수 없지만 아픔을 공유하는 사람들과 만나 서로의 상처에 대해 이야기함으로써 마음의 위안과 더불어 막힌 것이 뚫리는 듯한 소통의 기쁨을 비로소 얻을 수 있게 된다.

주변에 가족의 자살과 같은 말 못할 슬픔에 젖어 있는 이가 있는가. 그들을 외면하거나 뒤에서 수군거리거나 상처를 건드리지 않는 것은 배려가 아니라 무관심이다. 따뜻한 관심을 표현하고 세상 속으로 이끌도록 노력하길 바란다. 그들은 아픔조차도 터놓고 이야기함으로써 세상과 소통하도록 도와줄 손길을 기다리고 있기 때문이다.

현재 우리나라에 살고 있는 결혼 이주 여성은 몇 명이나 될까. 2015년에 발표된 여성가족부에 집계된 결혼 이주 여성의 통계를 보면 대략 12만 5천명에 이른다. 또한 베트남, 중국, 한국계 중국 여성이 그 다수를 차지하고 있다. 결혼을 통해 우리나라로 이주해 오는 여성들의 생활방식은 우리와 많이 다르다. 그럼에도 대부분 결혼중개업체를 통해 만남에서 결혼까지 매우 짧은 시간 안에 이루어짐으로써 남녀 모두 숙고 과정이 충분하지 않다. 사전 준비도 없이 치러진 절차에 의해 이주해온 여성들은 급격한 문화적 혼란은 물론 의사소통에도 매우 큰 어려움을 겪게 된다.

결혼이주 여성들이 가정에서 갈등을 겪는 주요인은 언어와 생활습관의 다름에서 기인한다. 그리고 그녀들에 관해 들려오는 소식들은 밝은 것보다는 어두운 소식이 더 많다.

가정폭력에 시달리던 결혼이주 여성이 남편을 칼로 찔러 사망케 한 사건이나 임신한 아내를 폭행하여 낙태시키는 일, 혹은 아기를 낳자마자 아기만 빼앗고 결혼이주 여성인 아내를 내쫓는 사건 등 알려진 몇 몇 경우만 꼽아도 타국에서의 그녀들의 삶이 무척 고달파 보인다.

사건의 유형은 달라도 결혼 당사자들 사이의 깊은 신뢰와 애정의 부족은 물론, 의사소통이 쉽지 않아 서로의 생각을 알 수 없다는 점이 공통된 문제이다.

그럴 때, 이주 여성의 난감한 입장을 이해하고 그들과 다른 우리의 문화와 생활방식, 식습관 등을 알려주고 이해시키는 역할을 해야 할 사람은 다름 아닌 배우자다. 하지만 그녀들을 데려와 아내로 삼은 우리나라 남자들은 대부분 그 중요한 일에 시간과 노력을 들이지 않는다. 아무런 고민 없이 그냥 '대충 손짓 발짓하다 보면 다 통하게 돼 있다'는 생각으로 얼렁뚱땅 신혼살림을 시작하나, 정작 살림을 꾸려나가야 하는 여성의 입장에서 보면 모든 것이 커다란 장벽인 셈이다. 그럼에도 이쪽에서는 왜 제대로 못하느냐고 구박을 하며 폭행이 시작된다. 기가 막히고 코가 막힐 노릇이지만 차마 떨치고 나갈 용기도 힘도 없는 아내들은 눈물을 삼키며 저 혼자 알아서 눈치껏 대처하는 수밖에 없는 것이다.

결혼중개업소를 통해 베트남에서 한국으로 이주해온 D씨는 시부모와 함께 살게 되었다. 한국으로 와 첫날밤이 지난 다음날 아침, 남편이 일어나 출근 준비를 하는 동안 아내는 무엇을 어떻게 해야 할지 몰라 멀뚱멀뚱 쳐다보고만 있었다. 남편은 그녀에게 뭐라고 묻는 듯하더니 이내 출근을 해버렸다. 남편이 나간 뒤, 시부모가 그녀를 불러 앉혀놓고 호통을 치기 시작했다.

"남편이 출근하는데 일찍 일어나서 아침밥을 챙겨 줘야지, 멀뚱하니 앉아서 뭐하는 짓이냐?"

그 말뜻을 이해한 것도 한참 후의 일이지만, 그녀에게 '한국에서는 아침 일찍 일어나 아침밥을 지어 남편에게 차려주어야 한다'고 알려준 사람이 아무도 없었다는 점이 가장 큰 문제였다.

그녀가 살던 베트남에서는 대부분 집에서 밥을 먹지 않았다. 기후가 후텁지근하다 보니 아침부터 좁은 집 안에서 불을 켜고 조리하는 것이 쉽지 않아 아침은 밖에서 해결하는 것이 일반적인 식생활 문화였기 때문이다. 더욱이 맞벌이라도 하는 경우라면 하루 세 끼를 모두 외식으로 해결하는 것이 보통이고, 집에서 먹더라도 한두 가지만으로 간단하게 해결하는 것이 베트남에서 온 그녀에게는 익숙한 생활이었다. 그러나 우리말도 거의 못하는 그녀로서는 이런 베트남의 식문화에 대해 어떻게 설명해야 할지 몰라 답답하고 황당할 뿐이었다.

우리와 다른 생활환경과 문화, 언어를 사용하는 나라에서 왔음을 이해하고 그녀에게 어떻게 하면 우리의 생활방식과 언어 등을 이해시키고 원만하게 소통을 이룰까를 고민한 사람은 주위에 없었다. 그렇게 작은 오해와 갈등이 쌓이다 보면 어느 순간 불행한 결과를 초래할수도 있다는 사실조차 아무도 미처 깨닫지 못했던 것이다.

반면, 그러한 기본적인 차이에도 불구하고 부단한 노력을 통해 안정적으로 잘 적응하여 사는 이주 여성들도 많이 있다. 그들이 좀 더특별한 경우여서가 아니다. 적어도 결혼 당사자들 간에 최소한의 이해와 배려심을 바탕으로 서로를 알기 위해 매우 노력하는 경우들이기 때문이다. 그런 가정의 경우, 남편이 아내에게 한국말을 배우도록 적극 지원하고 독려하며 그 역시 아내의 언어와 문화를 알기 위해 노력함으로써 신뢰와 애정을 키워간다. 그럼으로써 한 마디를 나누더라도 의미를 분명히 소통함으로써 낯선 나라로 이주해온 아내가 자신감을 갖고 생활하는 데 큰 힘이 되어 준다.

사람들과 대화를 하고 뜻을 나눌 수 있다는 것은 당사자에게 매우 큰 의미이다. 그것은 그 자신이 타인들과 동등한 위치에서 존재한다는 자긍심을 갖게 할 뿐 아니라 무엇이든 배우고 익혀서 잘 해낼 수 있다는 자신감을 충전시킨다. 그렇기 때문에 우리 문화와 언어를 빨리 익힐수록 주위 사람들과 환경에 더 쉽게 적응할 뿐 아니라, 자신의 능력을 긍정적이고 적극적으로 활용할 가능성도 높아지게 되는 것이다.

그 모든 것이 소통의 힘이다. 상대방의 말을 알고 생각이 통하면 이해의 정도도 넓어지게 되어 도전하지 못할 영역이 없어진다. 이를테면, 몽골 출신의 한 결혼 이주 여성은 지방선거에서 경기도의원 비례대표로 당선되어 첫 번째 다문화 정치인이 됐을 뿐 아니라 경찰관으로 일하는 필리핀 출신 이주여성도 있기 때문이다.

반드시 국제결혼의 경우가 아니더라도, 부부 사이의 의사소통은 중요하다. 사소한 한 마디에도 감동을 받기도 하고 상처를 받기도 하는 것은 그만큼 가깝고 의지하는 관계이기 때문이다. 만약 아내 혹은 남편이 말귀를 못 알아듣는다고 답답해하며 대화를 중단한 적은 없는

지, 상대의 말을 무시하고 내 의견만 큰소리로 이야기하며 강요한 적은 없는지 돌이켜보자.

목소리는 낮추고 귀를 크게 열어라, 사랑하는 상대방과 진정으로 소통하고 싶다면.

죽음 앞에서 매듭 풀기

70대의 박 씨는 30대에 가족을 버리고 집을 나갔다. 20대에 결혼한 그에게는 두 아들과 아내가 있었으나 그로서는 집이 지옥처럼 싫었다.

둘째 아이를 낳은 지 얼마 지나지 않은 즈음, 부엌일을 하던 아내는 실수로 뜨거운 물을 뒤집어쓰는 사고를 당해 얼굴에 심한 화상을 입고 말았다. 치료를 열심히 해도 아내는 예전처럼 고운 얼굴로 돌아올 수가 없었다. 그때부터 남편은 점점 아내를 멀리하기 시작했다. 생각과 달리 아무리 좋게 보려 해도 도무지 마음을 돌릴 수가 없었던 그는 점점 밖으로 나돌게 되었고, 아직 어린 자식들과 아내를 두고 다른 여자와 딴살림을 차리기에 이르렀다. 그렇게 40년이 흘렀다.

그런 어느 날, 그에게 상상하지 못한 일이 일어났다. 대장에서 시작된 암이 위와 간은 물론 식도까지 파고들어 더 이상 희망이 없는 상황이 된 것이다. 그제야 그는 자신이 오래전 버리고 떠나 온 처자식이 생각났다. 남은 시간이 2~3개월이라는 의사의 사형선고를 들은 뒤 그는 현재의 가족들에게 말했다.

나는 왜 인간관계가 힘들까?

"죽기 전에 찾아볼 사람들이 있다… 용서를 구할 일이 있어서."

그는 가족들의 도움으로 40년 전에 헤어진 가족들과 연락을 하기에 이르렀다. 얼마 후, 연락을 받은 큰 아들이 병원으로 찾아왔다.

병석에 누운 아버지는 어느새 중년의 나이가 되어버린 아들의 모습에서 마지막으로 보았던 어릴 적 얼굴을 눈으로 더듬었다.

"그래…네가 영수구나. 찾아와줘서 정말 고맙다…너를 볼 면목이 없구나."

40년 만에 다시 보는 병든 아버지의 흔들리는 음성 끝에 아들은 냉정하게 대꾸했다.

"왜 저희를 찾으셨어요? 이제 와서 설마 돌아오시겠다는 말씀은 아니겠죠?"

그 말에 한동안 말이 없던 아버지가 한참 만에 다시 입을 열었다.

"어머니는 어떻게……? 미안하구나……"

"어머니는 왜 찾으세요? 그 얼굴 꼴도 보기 싫다고 구박하시던 것, 저 아직도 생생히 기억합니다. 왜, 왜 찾으세요? 죽게 생겼으면 조용히 죽을 것이지, 우리들을 왜 찾아요? 앞으로 더 연락하지 마세요!"

아들은 격앙된 어조로 이렇게 퍼붓고는 병실을 박차고 나가버렸다. 그러나 몇 달 후 아버지의 부고를 전해들은 아들은 그의 무덤에 찾아가 통곡을 하고 말았다.

아들은 왜 수 십년 전 아내와 자식들을 버리고 떠났던 아버지의 무덤에서 눈물을 흘렸을까. 그것은 마지막으로 아버지와 대화 나눌 시간을 되돌릴 수 없음에 대한 후회 때문이었다. 아들은 평생 아버지 없는 자신의 신세를 콤플렉스로 간직하고 살아왔다. 더구나 얼굴이 온전하지 못한 어머니가 생계를 꾸려야 했으므로 그들의 삶은 상상 이상으로 고단하고 힘겨웠다. 그래서 그의 가슴 속에는 자신들을 버린 아버지에 대한 분노만큼 깊은 그리움도 함께 자라고 있었던 것이다.

그런 심정을 아는 아버지는 죽기 전에 그들을 만나 진심으로 사과의 말을 하고 용서를 구하려 했다. 아버지는 그들과 마지막으로 소통하기를 원했던 것이다. 하지만 버림받은 가족의 입장에서는 그러한 시도가 반갑기보다 화를 돋우는 일이었다. 그래서 아들은 아버지와의 재회의 순간에도 그 마음을 이해하고 함께 소통하기가 쉽지 않던 것이다. 아버지를 이해하고 분노를 해소할 시간이 필요했으나, 그들에게 남은 시간은 너무 짧았다.

그것이 그에게는 또다시 한이 되어 맺혔다. 다시는 찾지 말라며 병실을 박차고 나간 아들은 과연 통쾌하고 홀가분했을까. 결코 그렇지 않을 것이다. 아무리 오래 떨어져 살아도, 아무리 원수처럼 지내도 부모와 자식의 인연은 결코 끊어지거나 외면할 수 없기 때문이다. 아들도 아버지도 평생을 고통 속에 몸부림쳤을 것이다. 아버지의 부고를 들은 후에야 아들은 자신의 성급함을, 자신의 어리석음을 후회하지만 이미 엎질러진 물이 되어버렸다. 조금만 더 신중하고 지혜롭게, 혹은 좀 더 아버지를 이해하기 위해 애썼더라면 뒤늦은 후회의 눈물은 흘리지 않았을지도 모른다. 죽음을 눈앞에 둔 병든 아버지를 만난 순간, 분노가 치밀어 오를 때 한 박자 숨을 늦추고 이렇게 이야기했더라면 어땠을까.

"솔직히 아버지를 원망하며 살았습니다. 하지만 지금 이렇게 다시 뵈니 모든 게 부질없네요. 누가 누굴 용서하겠습니까. 이제라도 저희들 잊지 않고 찾아주시니 감사합니다."

물론 젊은 시절 자신의 이기적인 행동으로 처자식을 외면한 아버지로서는 면목 없는 일이다. 아무리 좋게 생각하려 해도 너무나 뻔뻔한 일임에 틀림없다. 그들을 위해 아무것도 한 것이 없으면서 다만 죽음을 앞두고서야 나약해진 심정으로, 참회하는 심정으로 처자식을 찾는 모습이 좋게만 보이지 않는 것도 당연한 사실이다.

그러나 영원히 자신의 잘못을 인정하지도 않고 참회도 없이 생을 마감하는 것보다는 충분히 인간적인 모습 아닌가. 그것이 바로 수많은 관계 속에 얽혀 사는 인간이 마지막 이 세상을 떠나기 전, 최소한 자신이 헝클어뜨린 실타래의 작은 매듭이라도 하나 제대로 찾아 풀어 놓고자 하는 책임감 있는 모습은 아닐까.

영원히 보지 않을 것처럼 등을 돌리고 사는 누군가가 있다면, 죽기 전에야 후회하며 헝클어진 매듭을 찾으려 허둥댈 것이 아니라, 아들처럼 한발 늦은 뒤에 후회할 것이 아니라, 사는 동안 미리미리 서로를 이해하고 소통하며 부드러운 관계를 맺기 위해 노력하는 것은 어떤가.

뜨거운 소통의 힘

때로는 직업의 차이가 의사소통 장애의 요인이 되기도 한다. 외환 딜러나 펀드 매니저, 혹은 펀드 애널리스트 같은 직업도 여전히 일반인들에게는 생소한 편이다. 사람들에게 이처럼 낯설거나 비교적 전문직에 종사하는 사람들의 용어는 일반인들이 얼른 듣고 이해하기 어렵다. 그들끼리의 대화를 듣다 보면 이해되지 않는 용어들로 인해 대화에 동참하기가 쉽지 않다. 그러나 소통이 되지 않는 진짜 이유는 그런 것이 아니다. 직업에 대한 각자 인식의 차이가 의사소통 장애의 원인이 되기 때문이다.

예전부터 직업에는 귀천이 없다고 귀에 못이 박히도록 배워왔음에도 현실은 그렇지 않다. 남들이 꺼리는, 힘들고, 더러운 일을 하는 사람에 대하여 은연중에 폄하하고 무시하는 경우가 있기 때문이다. 논리적으로는 그러면 안 된다는 것을 알면서도 때때로 벌어지는 그러한 사건들은 단적으로 인간의 이중적인 측면을 보여주기도 한다.

언젠가 한 대학생이 자신의 학교에서 청소부로 일하는 중년여성에게 했던 잘못된 언행으로 여론의 뭇매를 맞은 적이 있다. 최고의 지성이라고 자타가 공인하는 대학캠퍼스에서, 그 미화원은 여학생으로부터 참기 어려운 모욕을 당했다. 그 사건은 학생이 먹다 남긴 음료를 미화원이 치우지 않고 그냥 둔 것이 사건의 발단이다.

미화원 이 씨가 어느 날 화장실을 청소하고 있을 때였다. 한 여학생이 테이크아웃용 커피 컵을 들고 화장실로 들어섰다. 여학생은 테이크아웃 커피 컵을 세면대 위에 두고 볼일을 본 후에 손을 씻기 시작했다. 그때 이 씨를 발견한 여학생이 세면대 위에 놓인 자신의 음료 팩을 가리키며 이렇게 말했다.

"이것도 같이 치우세요!"

청소하는 입장에서 미화원은 그것을 치워야할 지 어떨지 몰라 지켜보느라 잠시 머뭇거리고 있었던 것이다.

"아직 많이 남은 것 같아서…학생이 더 마시려나 하고 있었어요…"

이 씨가 이렇게 대답했으나 학생은 갑자기 "웃기고 있네…"라고 내뱉으며 밖으로 나가 버렸다. 중년의 미화원 이 씨는 딸 같은 또래 여학생의 태도에 심한 모욕감을 느꼈다. 학생으로서 어머니뻘의 상대에게 행한 거친 언사는 누가 보아도 결코 이해받기 어려운 것이었다.

그녀는 자신이 청소부라는 이유로 그런 대우를 받는 것은 부당하다고 느꼈고, 어른으로서 할 말은 해야겠다고 생각했다. 곧바로 여학생을 따라 간 이 씨가 이렇게 말했다.

"학생! 그런 식으로 함부로 말한 것 사과해요. 내가 뭘 잘못 했다고 그런 소리를 하는 거지?"

그러나 여학생은 사과는커녕 더욱 거칠게 대꾸했다.

결과적으로 두 사람 사이에는 각자의 주장만 있었을 뿐 소통을 위한 어떠한 노력도 없었다. 학생이 지나치게 감정적으로 상대를 대한 태도의 바탕에는 직업에 대한 차별의식이 존재함을 알 수 있다. 상대가 청소부가 아니었다면 결코 그럴 리 없을 것이다.

세상에 똑같은 사람이 없듯이 저마다 하는 일도 다를 수밖에 없다. 좀 더 깔끔하고 근사한 일을 하는 사람이 있는가 하면 허드렛일을 하는 이도 있다. 그러나 그것이 상대를 무시하고 소통을 거부할 이유는 되지 않는다. 자신이 좀 더 편안하고 안락할수록 그 이면에는 내가 하지 않는 힘들고 어려운 일을 대신 해주는 이들이 더 많이 있다는 사실을 기억하는 지혜가 필요하다. 폭언을 한 여학생은 자신이 하지 않는 일을 하는, 자신들이 사용하는 공간을 깨끗하게 청소해 주는 이에게 감사한 마음을 가질 수는 없었을까.

만약 평소에 조금이라도 그런 부분에 대하여 생각해본 적이 있다면 그와 같은 상황에서의 대처방법은 많이 달랐을 것이다.

"아주머니, 죄송하지만 이것도 좀 치워주시겠어요? 양이 많아서 남겼네요."

이렇게 나왔더라면 어머니뻘의 청소부와 말싸움을 하고 뭇사람들의 도마 위에서 칼질을 당할 이유도 없었을 것이다. 그러나 여학생은 타인에 대한, 혹은 적어도 자기보다 약자에 대한 배려심이 부족했다.

부족한 인성은 타인과의 원만한 소통을 어렵게 한다. 누가 보아도

화를 내거나 말다툼을 벌일 일이 아니었음에도 그 학생은 한낱 청소부와는 길게 대화를 나누고 소통하고 싶은 마음이 없었던 것이다. 나중에 잘못을 사과한다 하더라도, 근본적인 인식이 쉽게 바뀌는 것이 아니기에 그저 형식적이고 위선적인 제스처에 불과할 뿐이다.

그렇다고 대부분의 대학생들이 이렇듯 소통불능의 상태인 것은 아니다. 또 다른 대학에서는 그 학교 환경미화원들의 권익을 보호하기 위하여 전체 학생의 70%가 넘는 인원이 서명운동에 동참하기도 했다. 그 대학의 환경미화원들은 벼룩시장의 신규채용 공고를 보고서야 자신들이 해고되었음을 알게 되었으며 부당해고 철회 투쟁을 시작했다. 그러한 사실을 알게 된 학생들은 환경미화원들의 농성에 지지를 보내는 한편, 적극적으로 대학 측에 압력을 가하며 힘을 실어주기 위해 노력을 아끼지 않았다.

학생들은 '보이지 않는 곳에서 10~20년씩 학교를 위해 묵묵히 일해 온 이들을 아무 말 없이 쫓아내는 것은 부당하다'는데 공감대를 형성하여 적극적으로 서명에 참여했다. 이러한 학생들의 지지에 감동을 받은 환경미화원들은 고마운 마음을 편지로 적어 캠퍼스 곳곳에 붙여놓기도 했다.

"학생들이 많은 응원의 글을 보내줘서 힘이 납니다. 학생들 정말 고맙습니다."

"여러 학생들이 바쁜 가운데서도 우리를 위해 서명해 주니 고맙고 미안합니다."

이들의 마음이 오고 가는 모습이 바로 진정한 소통의 아름다움이라고 할 것이다. 자신들을 위해 묵묵히 일해 온 이들의 노고를 알기에 학생들은 그들이 처한 곤란한 상황을 좌시할 수 없었던 것이다. 환경미화원들도 뜻밖의 응원군을 얻으니 힘이 나는 것은 물론 감동을 받을 수밖에 없었다.

결론은 어떻게 되었을까. 해고통보를 받고 투쟁을 시작한 지 14일 만에 마침내 노사합의를 이끌어내고 해고자 전원 복직을 이루게 되었다.

이러한 결과에 가장 큰 힘이 된 것은 그 학교 학생들의 뜨거운 지지와 응원이었다. 그리고 그것은 학생들과 환경미화원들의 가슴 뜨거운 소통의 힘이 만들어 낸 아름다운 동행의 현장이다. 직업의 차이, 빈부의 차이는 진정한 마음의 움직임 앞에서는 결코 소통을 방해하는 요소가 될 수 없는 것이다.

나는 왜 인간관계가 힘들까?

외국에서 오래 사는 사람들 얘기를 들어보면 다들 "우리 대한민국처럼 살기 좋은 나라가 없어"라고 이야기한다. 왜 그럴까?

단순히 자신이 태어나고 자란 추억의 향수 때문에?

굳이 오래 살지 않았더라도 잠시 여행이나 일 때문에 외국에 갔다 온 경우에도 그런 소리를 하는 사람을 종종 볼 수 있다. 짧게는 3~4일에서 길게는 두세 달 정도 '외국 물 좀 먹었다'하는 사람들도 비슷한 이야기를 하는 데는 뭔가 이유가 있지 않을까?

가장 먼저 떠오르는 이유는 '언어'다. 같은 말을 쓴다는 것이야말로 생각의 동질성을 이루는 중요한 요인이기 때문이다. 영어만 좀 할 줄 알면 웬만한 나라에서도 간단한 의사소통에 큰 장애는 없을 것이다.

그러나 언어보다 중요한 것이 바로, 정서의 공감대이다. 그들의 문화와 정서는 분명히 우리와는 다른 부분이 있다. 그것을 먼저 이해하지 않고서는 아무리 말이 통한다 해도 공허한 울림에 불과할 뿐이다.

천주교 신자인 영준 씨는 얼마 전 이탈리아로 성지순례 여행을 다녀

왔다. 그는 도시를 이동할 때마다 호텔을 이용하면서 한 가지 궁금증이 생겼다. 호텔마다 욕실 사용의 느낌이 늘 '매우 불편하다'로 요약되었기 때문이다. 예전 미국 여행 때도 같은 느낌이었으나 새삼 유럽에서조차 똑같은 경험을 하게 되자 나중에는 짜증스럽기까지 했다.

맨 처음 그가 묵었던 숙소의 시설은 최고는 아니더라도 괜찮은 수준으로 갖추어져 있었다. 그러나 긴 비행기 여행으로 지친 피로를 씻기 위해 들어선 욕실에서부터 그는 당황하고 말았다. 욕실도 나쁘지 않았으나 샤워용 부스는 조립식인데다 공간이 매우 비좁아서 좌우로 접히듯 열리는 문을 열고 들어가 샤워를 하는 동안 양쪽 팔꿈치가 사방에 부딪치곤 했다. 대강 샤워를 마치고 나서던 그는 다시 한 번 깜짝 놀라고 말았다. 엉성한 샤워부스 문틈으로 물이 흘러넘쳐 욕실 바닥이 물바다가 된 것은 물론, 문턱이 없는 문을 지나 거실 쪽 카페트까지 흥건히 적시고 있었던 것이다. 당황한 그가 욕실 바닥을 살피고는 이렇게 툴툴거렸다.

"왜 바닥에 배수구가 없지? 바닥에 구멍 뚫는 걸 잊어버렸나? 샤워부스는 또 왜 저렇게 좁고 답답하게 만들어 놓은 거야!"

그날 밤, 그는 그 난리를 수습하느라 진땀을 빼야 했다. 그 나라에 머무는 동안 그 후로도 몇 군데의 호텔에 더 묵었지만 가는 곳마다 크게 다르지 않았다. 그로부터 짧지 않은 여행 내내 샤워하는 일이 그에겐 매우 신경 쓰이는 일이 되고 말았다.

'정말 이상한 사람들이네. 이 나라는 어딜 가나 이 모양이니…바닥

나는 왜 인간관계가 힘들까?

에 배수구만 뚫으면 이런 수고를 할 필요도 없을 텐데…'

우리나라의 시원시원한 욕실 바닥 배수시설에 익숙했던 그에게 서양인들의 생활방식은 불편하기 그지없는 것이었다. 심지어는 성의가 없다는 생각까지 하기에 이르렀다.

마침내 여행 일정을 모두 마치고 마지막 호텔을 떠나기 전, 그는 큰맘 먹고 지배인에게 서툰 질문을 던졌다.

"왜 객실의 욕실 바닥에 배수구가 없는 거죠? 그게 있으면 사용하는 사람이나 관리하는 사람 모두 편리할 텐데?"

그가 더듬거리는 영어(그는 이탈리아어를 전혀 몰랐다)로 이렇게 묻자 지배인이 대답했다.

"원래부터 그렇게 되어 있는데, 그게 문제가 됩니까?"

지배인 역시 서툴게 영어로 대꾸하더니 이해가 안 된다는 표정을 지었다.

"샤워할 때마다 샤워부스 밖으로 물이 넘쳐흘러서 번번이 욕실 바닥을 닦아야 했거든요. 그건 너무 불편해요."

그 말을 들은 지배인은 잠시 생각하더니 이렇게 대답했다.

"그래서 바닥용 타월을 추가로 드리고 있을 텐데요?"

"그보다 욕실 바닥에 배수구가 있다면 아무 문제없지 않느냐, 이거죠."

"문제없어요, 넘치면 닦으면 돼요!"

그러면서 "No problem!"을 되풀이하는 지배인의 태연한 얼굴을 보자, 그는 더 이상 할 말을 잃었다. 다시 한국으로 돌아오는 비행기 안에서 지난 여행을 반추하며 그가 내린 결론은 이것이다.

'그래, 역시 우리나라가 살기 좋은 나라야!'

외국인으로서, 그 나라 시설의 불편에 대해 아무리 이야기해도 그곳 땅에서 태어나 발을 붙이고 살아온 이들과는 결코 좁혀지지 않는 생각의 차이가 존재한다. 그런 차이가 생기는 이유는 무엇일까?

우선은 서로 말이 다르기 때문이다. 영어회화가 서툰 그와, 마찬가지로 영어가 서툰 이탈리아인 호텔 지배인의 대화로는 만족스러운 의사소통이 쉽지 않다. 일상적인 대화에 필요한 단어를 사용해 어느 정도 의미 전달은 가능할 테지만 좀 더 깊은 대화는 이루어질 수가 없다.

또 하나의 이유는 '문화적 특성에 대한 이해 부족'이다. 여행자인 그가 진정으로 이탈리아인의 생활방식과 문화를 이해하고자 한다면 먼저 상대방의 문화적 특성을 충분히 이해해야 할 것이다. 어느 나라 사람이든 어떤 나라에 가든지 모든 것이 자기 나라에서와 같이 익숙하고 편리할 수는 없다. 이방인으로서 불편을 느끼는 만큼 '우리처럼 하면 좋을 텐데'하는 생각도 들 수 있다. 하지만 그것은 한낱 외국인의 편견에 불과하다. 수십, 수백 년 동안 그런 터전과 문화에 익숙한 이들에게 그것은 지나친 잔소리가 될 수도 있기 때문이다.

우리나라 사람들이 집안에 들어서기 전 현관에서 신발을 벗는 생활방식을 서양인들은 특이하고 귀찮게 생각할 수도 있다. 그들은 집안에서도 신발을 신는 것이 자연스럽고 익숙하기 때문이다.

나는 왜 인간관계가 힘들까?

어떤 이방인이 우리에게 그것에 대해 의문을 던진다면 어떻게 설명할 것인가. 설명은 충분히 할 수 있을지 몰라도, 그가 우리 문화의 특수성을 이해하지 못한 상태에서는 결코 충분하지 않을 것이다. 한국에서 살아보고 깊이 체험하고 느끼기 전에는 결코 진정한 이해나 소통은 불가능할 테니까.

서로 다른 언어라도 손짓 발짓까지 동원하면 조금씩이라도 의사를 전달할 수는 있다. 그러나 이방인들과의 진정한 소통을 원한다면 그들만의 정서적 바탕이 되는 문화적 특성을 이해하려는 노력이 필요하다. 그것이 선행되지 않고서는 진정한 의미의 공감대 형성이 어려울 것이기 때문이다.

적군과의 소통

개인 대 개인의 대화는 물론, 집단 간의 협상이나 업무협조 행위 역시 넓은 의미의 소통이다. 서로 우호적인 관계에서의 업무 협조는 그리 어려울 것이 없다. 원할 때마다 충분한 대화와 의견 조율을 통해 얼마든지 의사소통이 가능하니까.

그러나 쌍방이 이해관계를 달리하고 있을 때, 심지어는 서로의 존재를 인정하지 않는 적대관계에서는 어떻게 해야 할까. 이해관계가 다르므로 업무 협조라든지 소통이라는 개념이 적용될 수 없을까. 적대관계라는 표현 자체가 곧, 소통이 불가능하다는 의미는 아닐까. 그럼에도 실제로 적대관계에서조차 이른바, 업무 협조를 위한 소통이 필요한 것이 현실이다.

현재까지도 분쟁지역으로 남아 있는 아프가니스탄에서의 구호활동이 그런 경우이다. 미국의 침공으로 전쟁에 휘말린 아프가니스탄에서 죄 없이 죽거나 다친 민간인들을 위한 서구사회의 구호활동은 꾸준히 이어졌다. 그러나 아프간 현지인들은 자신들을 도우러 온 이방인들을 불신한다. 서양에서 온 사람들을 모두 스파이로 여기기 때문이다.

또한 무조건 자신들을 기독교로 개종시키러온 선교사라는 편견도 가지고 있다. 왜냐하면 아프가니스탄은 자신들의 종교인 이슬람에서 다른 종교, 특히 기독교로 개종하는 것을 엄격하게 처벌하는 철저한 이슬람 국가이기 때문이다. 이처럼 강한 거부감으로 인해 국제구호 단체 의료인들의 희생이 끊이지 않고 있다.

2010년 여름 무렵, 아프간에서 40여 년간 가족과 함께 살며 그곳 사람들을 위해 봉사하며 살아온 미국인 안과의사 톰슨과 일행 10여 명이 산간 오지의 가난한 환자들을 찾아 나섰다. 다른 나라에서 온 봉사자들과 그 안과의사에게는 일상적인 일이었다. 하지만 그날, 활동을 마치고 돌아오던 일행 앞에 뜻밖에도 두건을 쓴 무장괴한들이 나타났다.

괴한들은 일행을 모두 숲으로 데려갔다. 두려움을 느끼기 시작한 일행의 대표로서 톰슨이 침착하게 자신들에 대해 설명하기 시작했다.

"우리는 의사입니다. 아프간 사람들을 치료하고 오는 길입니다."

그 말이 채 끝나기도 전에 총성이 이어졌고 일행들 모두 그 자리에서 생을 마감하고 말았다. 무려 40년 동안이나 그곳에서 의료 활동을 해온 사람조차도 그들에게는 결코 믿을 수 없는 존재였던 것이다.

물론 의료구호 단체들이 아프간 현지인들에게 충분한 설명을 하고 안전을 보장받는 노력을 하지 않은 것은 아니다. 다만 그들은 당시의 아프간을 움직이는 대세가 탈레반임을 간과했던 것이다. 그들이 대화상대로 삼은 것은 실세인 탈레반이 아니라, 아프간 지방정부와 지역 원로들이었다. 정작 총을 가진 사람들은 탈레반인데 말이다.

이 사건은 결국 구호단체들과 아프간 사람들, 좀 더 구체적으로 말해서 탈레반 세력과의 소통 부재로 야기된 비극이라고 할 수 있다. 그후 아프간에서 활동하는 구호단체들 사이에서는 탈레반과의 대화 창구를 열어야 한다는 절실한 반성이 시작되었다.

"아무리 도움을 준다 해도 우리의 진심을 탈레반들에게 충분히 설명하고 이해를 구하지 않으면 의료진의 목숨은 언제든지 이슬처럼 사라질 수 있습니다. 그들과 만나야 합니다."

신변안전을 도모하면서 의료구호 활동을 이어가기 위해서는 어느 정도 일정한 협력이 불가피함을 인식하게 되었다. 마침내 구호단체와 탈레반의 협상이 시작되었다. 구호단체들이 탈레반에게 아프간 정부와 같은 위치에서 협상할 것을 제의하자 뜻밖에도 선뜻 만남에 응해 왔다. 상대방을 적이 아닌 대화상대로 대우하자 탈레반도 기꺼이 구호단체를 존중하고 나선 것이다. 그렇게 협상을 거친 한 구호단체는 탈레반의 경호를 받으며 안전하게 활동하기에 이른 것은 물론, 탈레반 고위관료나 가족들까지 진료하게 되었다고 한다.

이것이 바로 대화와 소통의 힘이 아닐까. 무시하고 대화할 생각조차 하지 않았을 때는 그저 서로에게 적군일 뿐이지만, 대화를 통해 서로의 필요성을 알고 이해하기 시작하자 적극적인 동반자가 되는 것이다.

나는 왜 인간관계가 힘들까?

대화와 소통, 협상의 중요성을 알게 된 수많은 국제 구호단체들은 그 후로 탈레반을 아프간 정부 대하듯 대우함으로써 이해를 구하기 시작했다. 또한 탈레반 지역사령관과도 직접 마주앉아 협상을 벌일 뿐 아니라 함께 진료일정을 상의하는 정도로까지 나아갔다.

넓게 보자면, 근본적으로 전쟁 역시 소통의 부재에서 비롯한 비극이 아닐 수 없다. 미국의 9·11사태가 아프간 전쟁의 도화선이 되긴 했으나 보복성으로 일으킨 전쟁에서 이득을 본 쪽은 과연 누구인가. 9·11사태 역시 끔찍한 비극이기는 하지만, 전쟁의 참화는 지금까지도 아프간을 황폐하고 참혹한 죽음의 땅으로 만들고 있다.

권력자들의 놀음에 고통스런 삶을 살아야 하는 민간인들을 위해 일하는 국제 구호단체들이 탈레반과의 협상과 대화라는 극단적인 선택을 할 수밖에 없는 것 또한 아이러니가 아닐 수 없다. 이는 대화와 소통의 힘을 단적으로 보여주는 동시에 적과의 동침을 선택할 수밖에 없는 비극적 현실이다.

당신에게도 원수처럼 지내는 누군가가 있을 수 있다. 대화가 안 되니 원수보다 못하다고 생각한 적도 있을 것이다. 이번 기회에 대화를 시도해보는 것은 어떨까. 적군과도 협상을 하는 마당에, 한 수 접고 들어가면 소통하지 못할 상대는 없을 것이다.

노년의 소통

2050년이 되면 우리나라의 노인인구가 전체의 40%에 달하는 초고령 사회에 진입하게 된다. 현재는 11% 수준인 65세 이상 고령인구의 비율도 40년 후에는 38%에 이를 것이라고 한다. 새로 태어나는 인구는 거의 없는 데다 평균 수명만 자꾸 늘어남에 따라 앞으로 벌어질 현상이다. 우리나라의 신생아 출생률은 OECD 회원국 가운데 가장 낮다. 물론 둘 이상의 자녀를 선호하는 가정도 있으나 전반적으로는 아이가 하나, 둘 혹은 아예 아이 없이 사는 부부들도 늘고 있는 것이 현실이다.

그러다 보니 부모는 하나뿐인 자녀에게 모든 것을 아낌없이 베풀어 주며 후회 없이 키우려고 노력한다. 자녀 역시 부모에게 아낌없이 받는 것을 당연한 것으로 여기고 세상의 중심에 서있는 듯 존재하게 되었다. 핵가족이다 보니 가끔 시골에서 올라오는 할머니 할아버지를 만나는 것도 그리 반가운 일은 아니다. 함께 오래 살을 부비고 살아도 세대차이 운운하면서 거리를 두고 대화가 끊기는데, 일 년에 한두 번 명절 때나 보는 할머니 할아버지와 손자손녀들의 사이가 서먹하지 않다면 오히려 이상하지 않을까. 그들은 어떻게 서로 소통해야 할까.

초등학생인 경석이는 몇 달 전부터 할머니와 함께 살게 되었다.

할머니는 시골에서 농사를 지으며 혼자 사셨는데 몇 달 전, 논두렁에서 굴러 다리가 부러진 것이다. 서울에서 수개월 동안 수술과 입원 치료 과정을 마쳤으나 80세가 가까운 고령이라 더 이상 시골에 혼자 사는 것이 불가능하여 경석이네서 함께 살게 된 것이다. 그러자 외아들로 귀여움을 독차지하고 부러울 것 없이 살던 경석이로서는 은근히 할머니가 신경 쓰이기 시작했다.

며칠 전 일요일에는 경석이 부모님이 외출한 뒤, 손자와 할머니만 집에 있게 되었다. 오후가 되자 경석이는 거실 바닥에 드러누워 과자를 씹으며 요즘 인기 있는 오락프로그램 재방송을 보고 있었다. 그때 방에서 나온 할머니가 텔레비전 화면을 잠시 들여다보다가 말을 걸었다.

"뭐여? 왜 저런 짓을 하고 그런다니? 얼레…참말로 웃겨 죽겠네… 저 사람들이 지금 뭐하는 짓이다냐, 경석아? 응?"

경석이는 할머니의 물음이 귀찮기만 할 뿐 별로 대답하고 싶지 않아서 무시하고 가만히 있었다.

"아, 저게 뭐하는 거냐니까, 경석아?"

할머니가 대답을 재촉하는 순간, 경석이는 소리를 꽥 질러버렸다.

"에이 씨, 시끄러 죽겠네! 왜 따라다니면서 구시렁대는 거야?"

"얼레? 너야말로 왜 소리는 지르고 그러냐? 할머니한테 설명 좀 해주면 안 되냐?"

할머니는 어이없는 얼굴로 다시 물었다.

"뭘 설명해? 하면, 할머니가 알아? 저 사람이 뭐하는 건지 말하면 아냐고? 쟤네가 탤런튼지 개그맨인지도 모르면서! 어휴~!!"

경석이는 몇 번씩 이야기해 줬는데도 잊어버리고 자꾸 되묻는 할머니가 답답하기만 했다. 처음에는 경석이도 할머니의 물음에 이것저것 대답하고 설명도 곧잘 해드렸다. 그러나 돌아서면 금방 잊어버리고 다시 묻기를 되풀이하는데 그만 지쳐버렸던 것이다.

"그래도 좀 알려주면 좋겠는데…내가 늙어서 나하고는 말이 안 통하는 모양이구나…너는 안 늙을 것 같으냐……"

할머니는 서운한 듯 조용히 일어나 자신의 방으로 들어가고 말았다.

사회가 고령화되고 홀몸 노인들이 늘어나면 경제적인 문제 외에도 정서적으로 노인들의 외로움이 큰 문제가 된다. 인간은 사회적 존재이므로 누군가와 관계를 맺고 소통하며 살아야 정서적으로 안정되고 삶의 의욕도 가질 수 있다. 그러나 늙어서 가족들에게 소외당하거나 이런 저런 이유로 혼자 사는 노인들의 경우는 서로 정을 나눌 가족이 곁에 없음으로 인해 우울증을 비롯한 심리적 공황상태에 빠질 우려가 크다.

경석이 할머니도 시골에 혼자 사는 노인이었으나 사고 이후로 자식들과 함께 살게 되었다. 그에 따라 경석이와 할머니는 갈등을 빚게 되었다. 서로 다르게 살아온 습관 때문에, 그리고 할머니가 연로하여

152

말귀가 어두울 뿐더러 기억력도 쇠퇴하여 같은 말을 자주 되풀이 하느라 어느새 손자도 나름대로 스트레스를 받기 시작한 것이다. 그러다 보니 누구보다 돈독할 수 있는 할머니와 손자는 소통이 아닌 단절의 관계로 치달은 것이다. 함께 살면 정을 주고받고 서로 대화하며 더욱 즐겁게 살 수 있으리라 기대했던 할머니로서도 뜻밖에 소외당한다는 느낌에 당황하게 되었다.

장성한 자식이라도 노인들의 고지식함이나 특별한 습성 같은 것은 이해하기 어려운 경우가 있는데, 아직 정서적으로 미성숙한 청소년의 경우에는 더욱 타인에 대한 이해심이 완전하기를 바랄 수는 없다. 그렇다고 하더라도 노인의 기억력 쇠퇴나 느린 행동 등이 노화에서 비롯하는 자연적인 현상임을 이해한다면 좀 더 참을성 있게 소통하려 노력할 수 있지 않을까.

그러기 위해서는 어린 손자는 물론 그 부모가 함께 할머니를 이해하고 소통하려는 노력을 기울여야 할 것이다. 떨어져 지낸 시간만큼 서로에게는 거리감이 존재한다. 그것을 좁히고 서로 한 걸음씩 다가가기 위하여 노인은 늙어가는 쓸모없는 사람으로 생각하고 소외시킬 것이 아니라, 현재의 자신을 있게 한 근본적 존재임을 인식한다면 할머니와 경석이는 좀 더 뜨거운 정을 느낄 수 있지 않을까. 그럼으로써 할머니와 손자는 진심으로 소통할 수 있게 될 것이다.

할머니와 어린 손자는 세상에서 가장 '절친'이 될 수 있는 관계이다. 왜냐하면, 그들의 겉모습은 다르지만 마음은 닮아 있기 때문이다.

오해를 풀어야 소통할 수 있다

본격적인 이주노동과 결혼이민의 형태로 우리나라에 외국인이 체류하기 시작한 뒤로 2013년 6월 현재 파악된 국내 체류 외국인 수는 150만 명을 훌쩍 넘어섰다. 그럼으로써 우리 사회는 급속하게 다인종, 다문화 사회로의 변화를 겪고 있다. 지난 2003년의 체류 외국인 통계는 67만여 명 수준이었던 것을 감안하면 10년 만에 2배 넘게 급증한 것이다. 이주 이유가 어찌되었든 그로 인한 긍정 혹은 부정적인 많은 문제들이 야기되는 것 역시 필연적인 결과이다.

그 가운데는 결혼이주 여성들의 다문화 가정에서 새로 태어나는 2세들이 겪는 문제들도 적지 않다. 그들은 성장과정에서, 가정 내에서는 물론 학교에서도 언어소통의 어려움과 함께 문화적 차이에 따른 오해와 편견 등으로 시달림을 겪는 경우가 빈번하다. 다문화 가정 아이들은 이 같은 이유로 자연스럽게 또래 집단에 흡수되지 못하고 겉돌거나 결국 학업을 중단하는 결과에 이르기도 한다.

아이가 태어나면 최초의 교육은 가정에서 부모의 양육과 함께 시작된다. 그런데 동남아 등지에서 이주해 온 여성이 우리나라 남성과 결혼하여 아이를 낳으면서부터 맞닥뜨리는 문제 역시 그것이다. 동남아에서 살아온 어머니는 아이를 자신의 모국어로 가르치는 게 자연스러우나, 그 아이가 한국에서 살아가기 위해서는 한국어를 우선적으로 익히는 것이 마땅하다. 하지만 대체로 어머니는 미처 한국어가 유창하지 않은 상태에서 아이를 낳고 양육하게 된다. 서툰 한국어와 자신의 모국어로 아이를 양육하는 과정에서 아이에게 충분한 언어교육이 이루어질 수 없는 것이다.

그럼으로써 아이는 옹알이부터 불완전한 한국말을 배우게 되고, 학교에 가서도 다른 아이들과 다른 자신의 상황과 혼혈에 의한 특징적인 외모 등의 차이로 따돌림을 당하거나 놀림감이 될 수 있다. 그것은 아이의 학교생활 부적응, 친구 사귀기 어려움에서 나아가 또래집단과의 원활한 소통 자체가 불가능해지는 결과로 이어진다. 그러다 보니 학업능력도 뒤떨어져 점차 이방인처럼 겉돌고 탈선에까지 이르기도 하는 것이다.

이는 다문화 가정의 부모와 자녀들 대부분이 느끼는 문제이며 걱정거리이다.

10년 전 한국 남자와 결혼해 필리핀에서 한국으로 이주해온 한 여성의 경우를 보자. 그녀는 모국에서 대학교까지 나온 데다 한국말도 잘 하는 편이었다.

그러나 현재 한국에서 초등학교에 다니는 둘째 아이의 학업은 돌봐

줄 수 있으나 학년이 더 올라가게 되면 그마저도 자신할 수 없어 한다.

이처럼 결혼이민자 중에서 '전혀 숙제를 돌봐 줄 수 없다'는 경우가 전체의 1/4에 이를 정도이며, 나름대로 돌봐준다 하더라도 충분하지 못해 늘 불안한 느낌을 갖는 것이 현실이다.

또한 2세들은 자신이 어느 나라 사람인가 하는 정체성의 혼란에 빠지기도 한다. 한국인과 동남아인 사이의 혼혈 2세들을 언제부턴가 '코시안' 또는 '온누리안'이라고 부르기도 한다. 부르는 입장에서는 어떤 의미였든, 그렇게 불리는 다문화 가정의 아이들은 자신들이 그렇게 불리는 것에 강한 거부감을 느낀다. 그 역시 차별적인 의미로 받아들여지기 때문이다.

터키인 아버지와 한국인 어머니 사이에서 태어난 현정이는 초등학교 3학년이다. 터키에서 무역업을 위해 한국에 온 아버지와 한국인 어머니가 인연을 맺은 것이다. 세 사람은 단란하고 행복하지만 한국 아이들보다 이국적인 현정이의 외모와 피부색이 다른 아이들 속에 섞여 있을 때 더욱 두드러졌다. 현정이만 학교에 나타나면 아이들은 모두 뜬금없이 '압둘라'라고 외치며 주변에 몰려들곤 했다.

"난 압둘라가 아니라 현정이야, 이현정!"

아무리 이렇게 말해도 아이들은 "압둘라" 라고 외치며 졸졸 따라다녔다. 다행히 현정이는 엄마가 한국 사람이라 한국말을 정확하게 구사하는 데도 단지 외모가 눈에 띈다는 이유로 그렇게 시달림을 받았던 것이다. 1학년에 들어갔을 때는 아이들이 아직 어려서 크게 놀림을 당하지는 않았는데 2학년, 3학년이 되자 또래 아이들의 눈에도 현정이의 남다른 면이 두드러지게 보였던 것이다. 그런 놀림이 점점 심해지자 학교를 좋아하던 현정이는 언제부턴가 학교에 가는 것을 거부하기 시작했다.

"나, 학교 가기 싫어."

그 문제를 고심하던 아버지와 어머니는 어느 날, 자신들이 운영하는 터키 음식점을 하루 쉬기로 하고 현정이네 담임선생님과 같은 반 아이들 30여 명 모두를 초대하여 맛있는 음식을 대접했다. 아이들은 처음 보는 터키 음식을 맛보며 즐거운 시간을 보냈다. 그리고 집으로 돌아가기 전 현정이 부모는 아이들과 대화의 시간을 가졌다.

"현정이가 여러분과 좀 다르게 생겼죠? 현정이 아빠는 터키 사람이고 엄마는 한국 사람이에요. 하지만 현정이는 이 나라에서 태어나고 자라고 있어요. 외모가 조금 다를 뿐이지 분명히 여러분과 같은 한국 사람이에요. 그러니 앞으로는 모두 사이좋게 잘 지낼 수 있겠죠?"

그들은 아이들에게 현정이의 외모에 대해 이렇게 설명했다. 그러자 아이들이 이것저것 질문을 시작했다. 한참 동안 현정이 아빠 엄마와 대화를 이어간 아이들이 이렇게 말했다.

"그렇구나…우리는 현정이가 외국 사람인 줄 알았어요. 현정아, 이제부턴 놀리지 않을게."

다문화 가정의 부모와 2세가 겪는 대인관계와 학교생활에서의 어려움을 해결하는 가장 좋은 방법은 바로 적극적인 대화이다. 아이들은 순수하고 정직하기 때문에 눈에 보이는 대로 판단하고 생각할 뿐이다. 현정이가 그들과 달라 보였던 이유를 분명히 설명해주자 아이들은 차이를 이해하게 된 것이다.

한국인인 현정이 어머니와 터키인 아버지의 지혜가 아이들을 자유롭게 해준 것이다. 그러나 대부분의 다문화 가정 자녀들은 자신들이 겪는 학교생활 부적응이나 이웃으로부터의 불편한 시선에 대해 그냥 참고 견디는 경우가 흔하다. 그러나 시간이 지나면 저절로 해결될 것이라는 막연한 기대로 지낼 것이 아니라, 현정이네처럼 주위 사람들과 적극적인 대화와 소통으로 그들의 편견과 오해를 푸는 노력이 필요하다.

대화는 사소한 오해를 풀어주는 좋은 도구이다. 아이들이라고 해서 무시하고 넘길 것이 아니라 어떤 경우 어떤 대상과도 필요할 때는 충분한 대화로 오해를 풀고 서로의 생각을 나누고 소통하려는 노력이 필요하다.

성직자도 인간임을 이해하라

성직자는 세상의 수많은 직업 가운데 '자신의 경제적 이득이 아닌 종교적인 신념이나 본인 스스로의 깨달음을 얻기 위해' 일하는 특성상 일반적인 직업인과 구별된다. 어떤 직업이든 그가 속한 사회 속에서 여러 사람들과 관계를 맺고 조화를 이루지만 특히 성직자들이 맺는 관계에는 차이가 있다. 성직자는 '특정 종교의 교리를 믿음을 가진 일반 신도들에게 전하는' 역할을 하므로 그의 도덕적 윤리적인 측면이 특히 중시된다고 할 수 있다. 이른바 세속적인 욕심을 버린 상태여야 여타의 욕망에서 자유로울 수 있기 때문이다. 일반인들로서는 쉽지 않기에 그러한 신념을 지키며 사는 성직자들이 존경의 대상이 되는 것이다. 그래서 김수환 추기경이나 법정 스님 같은 이들의 삶은 종교의 구분을 떠나 평범한 삶을 사는 사람들 누구에게나 깊은 감명을 주게 된다.

그러나 더욱 중요한 것은, 존경받는 성직자들이 세속적인 욕심과는 별개의 삶을 살았다 해서 현실과 유리되거나 일반인들과 거리를 두고 존재하지 않았다는 사실이다.

무엇보다, 사람들에게 깊고 넓은 가르침을 전하면서도 늘 사람들 가운데 있었다는 사실이 중요하다. 그들은 교리와 깨달음을 말뿐이 아닌 행동과 삶의 모습을 통해 보여줌으로써 일반인 혹은 신자들과 소통하기 위해 노력한 것이다.

교과서적으로 가르치고 익히도록 하는 것이 아니라, 자신들의 모습을 보고 느끼고 저절로 닮고 싶도록 영향을 미치는 것이다. 그것이 바로 진정한 성직자의 역할이라고 할 것이다. 존경하고 우러르는 마음은 바로 그러한 의미 있는 소통에서 비롯될 수 있다.

경기도 북부 시골의 작은 읍에는 오래된 성당이 하나 있었다.

지은 지 30년도 더 된 그 건물은 너무 낡아서 주변 지역의 도시화 개발과 함께 하나둘씩 생겨나기 시작한 고층건물이나 현대식 아파트의 위용에 더욱 빛을 잃고 흉물스럽기까지 했다. 새로운 아파트단지가 들어서면서 새로 전입하는 신자들이 늘어나자 그런 불만이 제기되기 시작했다.

신학교를 수석으로 졸업하고 중국과 유럽의 수도회에서 20여 년 동안 활동하다 돌아온 한국에서 처음 부임한 신부 프란체스코는 그 사실을 알고 고민 끝에 어떤 결정을 내렸다.

그리고 어느 날 그는 미사 시간에 깜짝 선언을 했다.

"우리 성당을 리모델링하겠습니다. 새로 지으면 더 좋겠지만 그건 어려우니 당장 칠이라도 새로 하면 훨씬 좋아질 겁니다."

신자들은 그동안 누구도 쉽게 결단을 내리지 못하고 망설이던 리

모델링을 한다는 말에 기뻐했다. 얼마 뒤부터 신부님의 지휘 아래 리모델링 공사가 일사천리로 진행되었다. 처음엔 조금만 손대려던 게 점점 커져서 버려져있던 내부 공간을 찾아내어 두 배 정도로 넓히고 최신형 에어컨도 설치했다. 지하창고도 개조해 식당으로 번듯하게 만들었다.

불과 두어 달 만에 이 모든 변화가 이루어졌다. 그런데 그 모든 과정은 사목위원을 비롯해 성당의 재정과 운영을 함께하는 사람들과 한마디 논의도 없이 이루어진 것이다. 신부님은 그들에게 의견을 묻기보다 거의 일방적으로 혼자서 일을 결정, 진행하고 사후에 통보하는 식이었다. 그러다 보니 함께 일하는 사람들 사이에서 불만이 터져 나왔다.

"우리는 허수아비야? 모든 일을 혼자 알아서 처리하시니 우리가 있을 필요가 없겠어."

"성당은 점점 번듯해지는데 왠지 마음이 가질 않으니 이상하지…"

신자들은 남부러울 것 없게 새로워진 번듯한 성당에 정을 붙이지 못하고 하나둘 떠나기 시작했다. 정작 신자들을 위해 성전 공사를 했는데도 신자가 늘어나기는커녕 날이 갈수록 오히려 눈에 띄게 줄어들자, 어느 날 열린 운영위원회의에서 프란체스코 신부가 걱정스레 입을 열었다.

"요즘 무슨 일이 있습니까? 왜 다들 발길이 뜸한 거죠? 힘들게 성전공사를 마쳤는데 정작 신자들이 찾지 않으니 이상하네요."

그러자 운영위원 중에서 성당 일을 오래 해온 김 레오 씨가 답답하다는 듯 말했다.

"신부님, 스스로 한번 생각해 보십시오. 왜 신자들이 외면하는가를…신부님은 늘 바쁘셔서 신자들과 만날 시간도 없으시니 그들의 마음을 모르실 수밖에요."

그러자 신부가 언짢은 듯 말했다.

"뭐요, 지금 저한테 책임을 묻는 겁니까? 모두를 위해 밤낮으로 애쓴 사람한테 할 소리는 아닌 것 같은데요. 당신이야말로 그런 말할 자격이 있다고 생각하시오?"

신부는 뜻밖의 말에 당황한 듯 이렇게 반박했다. 그리고는 이내 불쾌한 듯 자리를 박차고 나가버렸다. 뜻밖의 사태에 당황한 사람들은 서로 얼굴만 쳐다볼 뿐이었다.

노회한 중년 신부님의 과감한 결단력 덕분에 시골 성당은 새 옷을 갈아입은 것처럼 말끔해지긴 했으나 그 과정에는 실무진들과 충분한 의사소통이 부재했다. 처음 공사를 하겠다고 발표한 것도 신부님 혼자 결정한 것이었으므로 밑에서 일하는 사람들로서는 적잖이 당혹스러웠을 것이다.

아무리 좋은 일도 충분한 의사소통 과정이 생략되면 뜻하지 않은 오해와 분란이 일어날 수 있다. 신부님은 오랜 해외생활에서 쌓은 경험과 추진력으로 거침없이 일을 추진하긴 했으나 그보다 더 중요한 신자들과의 화합이나 조화를 위한 노력에는 소홀했던 것이다.

나는 왜 인간관계가 힘들까?

특히 자신의 권위와 능력을 과신함으로써 다른 사람의 의견에 귀 기울이지 않는 오류를 범했다. 그럼으로써 다른 사람들의 타당한 이의 제기까지도 무시하기에 이르렀다. 성직자로서 정말 필요한 능력은 사업추진력보다는 신자를 비롯한 타인들과 공감대를 형성하고 그들의 입장을 이해하며 자신과 다른 의견조차도 넓게 수용하고 이해하는 능력이 아닐까. 신자들이 신부님에게 정말로 바란 것은 번듯한 성당이 아니라 기쁨도 어려움도 함께 나눌 수 있는 마음, 정을 나누고 소통하는 것이다.

"생각해 보니 제가 너무 일방적으로 앞서나간 것 같네요. 저는 잠시 머물다 떠나는 사람인데, 이곳의 주인인 여러분의 의견에 귀 기울이지 않은 게 큰 잘못입니다. 저 때문에 힘들고 상처받으셨다면 용서하십시오…"

실무자들의 충고에 직면했을 때 이렇게 한 발짝 물러나서 자신의 발자국을 돌아보았더라면 무엇이 문제였는지, 무엇을 잘못 생각했는지 깨달을 수 있을지도 모른다. 성직자이므로, 사람들은 그가 나보다 더 지혜롭고 더 너그럽고 완전하기를 기대한다.

그러나 성직자도 모든 면에서 완전할 수는 없다. 그들도 태생은 인간이기 때문이다. 성직자 역시 인간임을 이해하고 그의 애환을 백만분의 일만큼이라도 짐작한다면, 근엄하고 모든 욕망과 갈등으로부터 자유로워 보이는 성직자도 나와 같은 사람이며 실수도 하고 희로애락을 느끼는 존재임을 이해한다면 신자들도 그에게 무조건 위로받기를 바라기보다, 먼저 다가가 마음열고 대화하려 노력할 수 있을 것이다. 그럼으로써 신자와 성직자도 진정으로 소통할 수 있을 것이다.

04

한 걸음
더 가까이

낯선 곳에서 소통하다

낯선 세상에 대한 호기심이 클수록 두려움 또한 커지기 마련이다. 그것은 미지의 세상으로 나아가는 여행자에게 동전의 양면과도 같은 감정이 아닐까. 지구 반대편에서 또 다른 방식으로 살아가는 사람들의 모습과 그들만의 문화를 엿보는 것은 인생에서 적어도 한 번쯤 경험해볼 만한 가치가 있는 일이다.

언어와 관습이 다른 나라에 첫발을 내딛는 순간, 부풀어 오르는 호기심만큼 여행자의 가슴 한편에는 두려움이 자라나기 시작한다.

유창하게 그들의 말을 할 수 있다면 그 복잡한 감정이 덜할까? 그렇다고 한들 생각과 문화가 다른 사람들과 얼마나 잘 소통할 수 있을지, 고스란히 눈뜨고 코 베이는 식으로 지갑을 털리는 것은 아닐지, 매 순간 만감이 교차하는 머릿속은 혼란스럽기만 하다.

여행만큼 소통의 의미가 절실하게 느껴지는 경우도 드물다. 말이 통하지 않으면 스스로 알아서 할 수 있는 행동의 범위가 제한되기 때문이다. 단순히 이방인들의 세상을 보고, 느끼고, 그들과 대화하는 것에서 한 걸음 나아가 서로 깊은 뜻을 나누고 소통하기 위해 필요한 것은 무엇일까.

30대의 자매가 유럽으로 여행을 떠났다. 오래 전부터 계획했던 여행이었다. 처음에는 여행사의 단체 관광객들과 함께 출발했다. 영국과 스위스, 이탈리아, 스페인을 거쳐 프랑스에서 일정이 모두 끝나자 파리에서의 짧은 일정이 못내 아쉬웠다. 생각 끝에 자매는 일행에서 벗어나 둘만의 오붓한 여정을 좀 더 누려보기로 했다.

자매는 무작정 파리 시내를 걸으며 여기저기 둘러보는 재미에 푹 빠져들었다. 3일째 파리 시내를 돌고 나니 어느덧 지루함을 느낀 동생이 지하철 노선도를 보며 말했다.

"언니, 우리 좀 더 멀리 나가 보자. 여기 보니 교외선도 있는 모양인데 아무거나 타고 나가 볼까? 파리는 이제 지루해~!"

"그럴까? 왠지 우리가 점점 용감해지는 느낌인데~?"

다음날, 자매는 〈RER〉이라는 이름이 붙은 열차에 올랐다. 기차는 파리 외곽으로 나아갔고, 시내와는 또 다른 멋진 풍경이 차창 밖으로 펼쳐졌다.

"야, 여기는 시골도 이렇게 멋지니? 여기서 살고 싶다!"

중간에 이름도 잘 모르는 역에서 무작정 내린 두 사람은 한적한 이국의 변방에서 즐거운 시간을 보냈다. 돌길을 따라 마을로 걸어 들어가니 공원이 나타났다. 그곳에는 도서관과 작은 연못도 있었다. 조용하고 아름다운 파리 교외의 마을을 둘러본 뒤 카페에서 차를 마시며 오랜만에 달콤한 휴식의 시간을 가졌다.

해가 질 무렵이 되자 자매는 숙소가 있는 파리 시내로 돌아가기 위해 기차역으로 갔다. 플랫폼에서 한참동안 기다렸으나 기차는 오지 않았다. 도착시간을 알리는 안내판의 불도 꺼져 있었다. 그렇게 두어 시간을 보낸 후에야 자매는 철도가 파업 중임을 알게 되었다.

파업은 불과 몇 시간 전에 시작되었고, 기차는 언제 운행이 재개될지 알 수 없는 상황이었다. 그것도 기차를 타러 왔다가 역사 안에 붙은 안내문을 보고 되돌아가는 한 중년남자를 붙잡고 용기를 내어 더듬거리는 영어로 물어본 뒤에야 겨우 알게 된 사실이었다. 그제야 사태의 심각성을 깨달은 자매는 당황하기 시작했다. 파리 시내로 돌아가는 다른 교통수단은 어디 있는지 어디서 탈 수 있는지 물어보고 싶어도 마음대로 표현을 할 수 없으니 자매는 벙어리 냉가슴 앓듯 한숨만 쉴 뿐이었다.

어떻게 돌아가야 하나. 발만 동동 구르고 있는 그들 앞에, 철도파업 사실을 알려주고 돌아간 중년남자가 다시 나타났다. 그리고 조심스럽게 다가와 말을 건넸다.

"숙녀분들, 어디까지 가십니까? 오늘은 기차가 오지 않을 거에요."

그의 질문에 긴장한 언니가 더듬거리며 질문했다.

"파리, 생 조르주 역에 가야하는데요, 여기서 버스터미널까지는 먼가요?"

중년남자는 잠시 생각하더니 이렇게 말했다.

"지금 레알 역에 사는 친구 집에 가는 길인데 원한다면 태워줄 수 있어요."

그 말에 두 사람은 구세주를 만난 기분이었으나 한편으로 두려움도 떨칠 수는 없었다. 생전 처음 보는 이방인을 어떻게 믿고 덥석 차에 오를 것인가. 언니가 주저하는 기색을 보이자 조금 더 용감하고 낙천적인 동생이 결심한 듯 먼저 나섰다.

"감사합니다. 파리 시내 아무데나 내려주시면 알아서 갈 수 있어요. 도와주세요!"

두 사람은 결국 다급한 마음에 동승했으나 낯선 사람이 운전하는 차에서, 낯선 나라의 낯선 길을 달려가는 내내 자매는 불안감에 가슴을 떨었다. 얼마나 시간이 흘렀을까, 〈파리〉라는 이정표가 나타나자 두 사람은 조용히 손을 맞잡았다. 얼마를 더 달려간 뒤, 남자는 친절하게도 생 조르주 역 부근에 있는 숙소 앞까지 두 사람을 데려다주었다. 그제야 "즐거운 여행이 되길 바란다"는 말을 남기고 떠나는 중년의 이방인을 바라보며 두 사람은 미안함과 함께 가슴 뭉클한 감동을 느꼈다.

낯선 땅에서 뜻밖의 일을 당한다면 아무리 그 나라 언어에 유창하다 해도 당황할 수밖에 없다. 자매가 맞닥뜨린 상황이라면 더욱 그럴 것이다. 그들이 처한 절박한 현실이 생면부지 중년남자의 친절을 받아들인 가장 큰 이유겠지만, 여기서 중요한 것은 인간에 대한 신뢰마저 버리지는 않았다는 사실임에 틀림없다. 일말의 두려움은 있었을지언정.

중년남자는 두 여자에게서 자신의 가족을 떠올렸는지도 모른다. 그들은 그렇게 진심으로 소통한 것이다. 진심은 통하는 법이다, 굳이 말이 통하지 않더라도 타인에 대하여 진심으로 공감하는 마음을 갖게 된다면. 지금 이 순간, 미지의 세계로의 여행에 대한 기대와 두려움으로 설레고 있다면 진심으로 그들과 소통하기 위한 마음의 준비를 하라. 여행은 어쩌면 인간에 대한 신뢰를, 진정한 소통의 의미를 깨닫는 시간이 될 수도 있다.

공통 관심사 찾기

현대는 소통의 시대라 해도 과언이 아니다. 소통이란 관계 맺기이다. 상대방과 관계를 설정할 의도가 없다면 소통을 위한 어떠한 노력도 필요치 않다.

어떤 사람과는 길게 얘기하고 싶지 않았던 경험이 누구에게나 한 번쯤은 있을 것이다. 처음 만난 사람이라서가 아니다. 아무리 처음 만난 사람이라도 쉽게 쿵짝이 잘 맞을 때도 있기 때문이다.

백화점이나 시장에 가면, 물건을 고르던 여성이 옆에 있던 또래의 낯선 여성에게 말을 거는 것을 어렵지 않게 볼 수 있다. 처음 보는 사이라고 해서 "죄송한데 말씀 좀 여쭐게요."하고 기본적인 예의를 갖추는 것도 아니다. 그냥 무턱대고 "이거 얼마래요?"하고 말을 던지면 상대방은 "만 원에 세 개래요. 얼른 사요, 이런 기회 잘 없어요."하는 식으로 물어보지 않은 정보까지도 알려준다. 마치 이전부터 알던 사이처럼, 서로 심상하게 대화를 나누는 것이다.

어떻게 그것이 가능할까? 공통점의 발견, 공감대 형성이 이루어졌기 때문이다. 공통의 관심거리를 발견하게 되면 낯선 사람끼리도 대화가 쉽게 이루어질 뿐 아니라 더 나아가 마음의 소통까지도 가능하게 된다.

경기도에 사는 영순 할머니는 서울로 종종 외출을 한다. 어느 날 집으로 돌아오는 전철 안에서 마침 파주의 딸네 집에 다니러 오는 복자 할머니를 만났다. 우연히 옆자리에 나란히 앉게 된 두 할머니는 금세 대화가 통했고, 이후 서로의 집까지 왕래하는 사이로 발전했다. 두 할머니는 처음 만났음에도 기차 안에서 이야기를 주고받으며 서로의 공통점을 발견했고, 그 공통분모를 매개로 반나절도 안 되어 친구라는 관계 맺기에 이른 것이다.

통계청 장래 가구 추계 데이터 기준에 의하면 2016년 서울시 1인 가구 비중은 전체 가구 수의 27.4%에 이른다. 2000년 1인 가구 수가 16.3%에 불과했던 것에 비하면 2배 가까이 증가한 것으로, 이러한 추세는 앞으로 더욱 강화되어 2035년에는 30.8%에 이를 것으로 추정된다.

사회가 핵가족화 되어감에 따라 개인의 삶도 점점 분화되어 이제는 서울만 해도 1인 가구가 전체 가구의 35%를 넘어섰다. 같은 오피스텔, 고시원에 살아도 실상은 바로 옆방에 누가 사는지 전혀 모르는 게 현실이다. 이웃사촌임에도 불구하고 서로 말 한 마디 섞지 않는 절대 타인으로 존재할 뿐이다. 그런 상황에서 소통에 의한 관계 맺기란 거의 불가능하다. 자신의 삶이 외부의 어떤 자극에 의해 흔들리거나 방해받는 것을 원치 않는 경우가 보통이기 때문이다. 그러한 세태를 반영한 최근의 새로운 현상은 바로 '혼밥', '혼술'문화로 나타나기도 한다. 1인 가구가 증가하다 보니 밥을 먹거나 술을 마실 때조차도 혼자서 해결하는 사람들이 크게 늘어나기 때문이다.

W시의 작은 오피스텔에 사는 한석 씨는 집에서 독립해 나온 지 3년이 넘어가고 있다. 어느새 혼자 사는 삶이 익숙해져서 이제는 누군가 옆에 있는 것을 불편해하는 정도가 되었다. 직장에서 일하는 시간 외에는 따로 친구를 만나지도 않고 그저 혼자 바둑 두는 것을 좋아할 뿐이다.

그런데 어느 날부터인가 옆집에 새로 이사 온 사람이 찾아오기 시작했다. 그 역시 한석 씨와 비슷한 또래였다.

"저, 새로 이사 와서 그러는데요. 망치 좀 빌릴 수 있을까요?"

처음엔 그러려니 하고 군말 없이 빌려주었다. 그랬더니 며칠 뒤에는 간장 한 숟갈만 빌려달라고 초인종을 눌렀다. 이번에는 조금 짜증이 났다.

"간장이요? 간장같은 건 저도 없습니다…"

다음번에는 매직펜이 있으면 빌려달라고 찾아왔다. 짜증이 극에 달한 한석 씨는 문도 열지 않은 채 인터폰에 대고 소리를 질렀다.

"없어요, 없어! 왜 자꾸 빌리러 오는 거요? 사서 쓰면 되잖아요!"

그동안 고즈넉하게 이어져온 자신만의 삶이 방해받는 느낌이 싫었던 것이다. 그래서 다음날부터 일부러 귀가시간을 늦추었다. 일찍 돌아가면 또 무얼 빌려달라고 조를 것만 같아서였다.

사흘째 되는 날 밤, 그는 집 근처 포장마차에서 자신이 사는 오피스텔을 올려다보며 홀로 소주잔을 기울이고 있었다. 그때 누군가 아는 체를 하기에 돌아보니 낯선 남자가 고개를 주억거렸다.

"누구…시죠?"

"907호 사시죠? 얼마 전에 이사 온 906호입니다. 저는 김진호라고 합니다."

뜻밖에도 얼마 전 이사 왔다는 그가, 자꾸 뭘 빌려달라며 귀찮게 하던 바로 그가, 하필 그곳에 나타나 불쑥 자기소개를 하며 손을 내미는 것이었다. 그는 도망칠 수도 없어서 그냥 자포자기의 심정으로 하릴없는 손을 맞잡고 말았다.

"아, 네……"

그로부터 그는 한석 씨의 시큰둥한 반응에도 아랑곳하지 않고 자신의 이야기를 주절주절 떠들어댔다. 출신이 어디며, 나이가 어떻고, 어떤 일을 하는지…… 구구절절 한석에게는 관심 없는 것들뿐이었다.

"근데, 제가 얼마 전에 우연히 바둑을 시작했는데…얼마나 흥미로운지 모르겠어요. 바둑은 알면 알수록 인생의 축소판이라는 생각이 들더라고요."

"참 좋은 스포츠죠! 바둑은 단순한 게임의 차원을 넘어 인생의 축소판이고, 성격의 거울이며 흑과 백의 예술이라고 할 수 있죠."

뜻밖에도 김진호가 바둑을 좋아한다는 소리에 한석 씨는 자신도 모르게 이렇게 대꾸하고 말았다. 그러자 김진호도 같은 취미를 가진 사람을 만난 것이 기쁜 듯 더욱 신나게 말을 이어갔다. 어느새 한석 씨도 그의 이야기에 한쪽 귀를 열어 놓고 있었다.

다른 사람과 특별한 교류 없이 '혼밥'이나 '혼술'을 하며 홀로 보내는 시간을 좋아하던 한석 씨는 옆집 남자 김진호와의 공통점을 발견한 순간 대화가 통하기 시작하다가, 곧 이웃사촌이라는 관계 맺기까지 이어진 것이다.

나와 전혀 다를 것 같아 무관심했던 사람에게서 나와 같은 부분, 공통적인 관심사를 발견하고 반가웠던 경험이 한 번쯤은 있을 것이다. 한 동네, 혹은 한 아파트에 사는 주부들의 경우도 마찬가지다. 그들 중에서도 동향이거나, 같은 종교를 가졌거나, 혹은 자녀가 같은 학교에 다닌다거나 하는 경우 좀 더 가까운 사이로 발전하는 것을 볼 수 있다. 공통점이라는 열쇠가 경계심을 풀고 마음의 문을 열어주기 때문이다.

대화의 실마리를 풀어나가는 것이 어렵다면 상대방과 나의 공통점을 찾아보자. 안경테가 같은가, 헤어스타일이 비슷한가, 혹은 나이가 같은가 등등 작은 공통점을 발견하는 것만으로도 상대방과의 의미 있는 관계 맺기에 한 걸음 더 다가갈 수 있을 것이다.

은둔형 외톨이, 자기만의 방에서 벗어나기

앞서 이야기했듯이, 사람은 주위의 누군가와 늘 크고 작은 관계를 맺으며 살게 마련이다. 그럼으로써 비로소 인간다움의 조건을 충족시킬 수 있다. 혼자서 해결할 수 있는 일에는 어느 정도 한계가 따른다. 물론 밥을 먹거나 잠을 자거나 하는 일은 혼자서도, 혼자만의 힘으로도 얼마든지 가능하겠지만 가족이나 누군가와 함께 함으로써 인간관계의 리듬이 이어지는 것이다. 부득이 혼자 사는 사람들의 '외롭다, 사람이 그립다'라는 하소연은 너무나 당연하다. 인간은 본래 수많은 관계맺음 속에서 살아가도록 태어나고 존재하기 때문이다.

그러나 사회가 빠르게 분화함에 따라 그에 적응하지 못하고 남들보다 쉽게 피로감을 느끼면 복잡하게 얽힌 관계들로부터 개인 공간으로의 잠적을 선택하는 경우들이 있다. 그들은 자신이 느끼는 사회적 관계에서 오는 피로감을 풀어낼 해결책으로 대화와 소통을 생각하기보다 그냥 혼자만의 공간을 찾음으로써 관계의 단절이라는 극단적인 방법을 택하는 것이다.

이른바 '히키코모리'라고도 불리는 '은둔형 외톨이'들이 그들이다. 그들은 외부 세상과 단절한 채 홀로 지낸다. 기껏 하는 일이라고는 자기 방에서 혼자 자고 먹고 인터넷 게임을 하는 정도이다.

심지어는 부모 형제와도 대면은커녕 말도 나누지 않으며 철저하게 은둔하는 삶을 산다. 이러한 은둔형 외톨이는 처음 일본에서 큰 사회문제를 일으키며 알려졌으나 이미 수년 전부터는 우리나라에서도 우려할 만한 사회문제로 떠올랐다. 그들 대부분이 그런 것은 아니지만 개중에는 자살을 하거나 불특정 타인에 대하여 해코지를 하기도 하므로 예의주시 대상이 되는 것이다.

내성적인 성격의 종수 씨는 고등학교를 졸업한 뒤부터 특별한 직업 없이 방에 틀어박혀 지내는 전형적인 은둔형 외톨이였다. 30대 중반이 넘도록 특별한 직업이 없는 것은 물론 결혼도 하지 않아 노부모가 벌어오는 돈으로 먹고 살면서도 하루 종일 방안에서 인터넷을 하며 머물렀다. 세상에 무관심한 그에게는 인터넷만이 유일한 세상이었던 것이다. 몇 년 전에는 자살을 시도할 정도로 심각한 우울증도 앓고 있으나, 가족의 말은 전혀 듣지 않을 뿐 아니라 그 누구와도 소통하려 하지 않았다.

그 모습을 보다 못한 늙은 아버지는 아들을 세상 속으로 이끌기 위해 자신이 운영하는 작은 회사에서 일하도록 자리를 마련하기도 했다. 그러나 생전 처음이다시피 한 사회생활에 그가 쉽게 적응할 리 없었다. 도살장에 끌려가듯 출근을 하게 된 후로는 동료직원 H씨와 잦은 갈등을 일으켰다. 한 번은 같은 부서 직원들의 소지품을 몰래 감추는 등 이상한 행동을 보이더니 결국 몇 개월을 못 버티고 그만두고 말았다.

그는 다시 자신의 방에서 고요한 외톨이의 삶으로 돌아갔다. 그러던 그가 뜻밖에도 얼마 후 다시 밖으로 나왔는데, 그것은 회사생활을 하며 자주 마찰을 빚었던 동료를 찾아가기 위해서였다. 어느 날, 그는 자신이 일했던 회사 주변에서 서성이며 동료였던 H씨가 나타나기를 기다렸다. 한참 후에 H씨가 그를 알아보고 먼저 다가와 아무런 사심 없이 인사를 건넸다.

"종수 씨, 오랜만이에요."

그 순간 그는 옷 속에 감춰가지고 있던 흉기로 H씨에게 무차별 공격을 가했고 H씨는 결국 그 자리에서 목숨을 잃고 말았다. 그리고 피를 흘리며 쓰러지는 사람을 두고 그대로 도주한, 그 역시 인근 야산에서 목을 매달아 자살해버렸던 것이다.

H씨 살해 사건이 보고되었을 때 당장 범인을 찾는 데는 어려움이 있었다. 그도 그럴 것이 종수 씨는 사회생활을 전혀 하지 않은 외톨이였기 때문이다. 그는 친구나 직장동료는 물론 휴대전화도 은행계좌도 없었으므로 행적을 찾기가 쉽지 않았던 것이다.

그 외에도 2년제 대학을 다니다가 정신분열증으로 학교를 그만둔 뒤 수년 동안 방안에서 혼자 지내던 20대 청년이 길 가는 행인을 이유 없이 살해하는 사건도 있었다. 그 역시 세상과 담을 쌓고 살며 애인은 물론 친구도 사귀지 않아 대인관계가 제로 상태였다. 휴대전화나 인터넷도 사용하지 않으며 철저하게 고립된 생활을 해왔다. 그러는 동안 그의 내면에서는 세상에 대한 이유 없는 분노가 쌓여가고 있었다. 그것을 표출하는 방법으로 택한 것이 바로, 누군가를 죽이는 것이었다.

그는 그런 의도로 평소에도 가방 속에 흉기를 넣고 다니며 대상을 물색해왔던 것으로 짐작되었다.

위와 같은 예들은 사회로부터 철저하게 고립된 삶을 사는 이들의 극단적인 결과를 보여준다. 평범하게 살 수 있는 사람이 은둔형 외톨이가 되는 이유는 집단따돌림과 가정불화, 학업에 대한 스트레스, 실연의 아픔, 취업실패 등으로 다양하다. 뿐만 아니라 인터넷의 발달과 함께 인터넷 중독자들도 쉽게 은둔형 외톨이가 될 수 있다. 그렇다고 해서 모든 은둔형 외톨이들이 잠재적인 범죄자는 아니다. 그럼에도 오래된 고립생활로 인해 외부와의 의사소통 방법이나, 분노와 스트레스를 긍정적인 방향으로 표출하는 방법과 통로를 알지 못하기 때문에 정상인에 비해 매우 충동적일 수밖에 없는 것은 사실이다.

국내의 연구팀이 밝힌 은둔형 외톨이들은 짧게는 6개월, 길게는 2~3년씩 방안에 틀어박혀 지내지만 길게는 5~10년 이상 그렇게 지내는 경우도 있다고 한다. 그들은 대체로 학교에 다니지 않고 직장도 없는데, 일체의 사회활동을 거부하기 때문이다. 그러니 친구가 전혀 없고 가족들과도 대화가 단절된 상태로 하루 대부분을 인터넷과 게임에 빠져 낮과 밤이 뒤바뀐 생활을 하게 되면서 점차 대인공포증, 우울증, 성격장애, 강박증 등 정신적인 문제를 갖게 된다. 정신적 질환이 깊어질수록 자살 혹은 살인 충동으로까지 번질 수 있다는 사실이 특히 우려되는 점이다.

이들에게 가장 중요한 것은 주변 사람들의 따뜻한 관심일 것이다. 그들은 겉으로 드러나는 것과 달리 애정과 관심에 강한 욕구를 가지고 있는 경우가 많기 때문이다. '성격이 원래 그러니까…' 혹은 '저러다가 말겠지…'하는 정도로 가볍게 생각하고 내버려 두어서는 안 된다. 꾸준한 대화와 설득, 세상과의 소통의 통로를 열어주는 등 주변의 적극적인 노력이 필요하다.

어떤 이유로 만약, 은둔형 삶 속으로 침잠해 들어가는 이가 주위에 있다면, 그를 더 이상 어두운 방에서 홀로 머물지 않도록 문을 두드려라. 누군가 아무렇지도 않게 했던 한 마디가 마음 여린 그에게는 상처가 되었을 수도 있음을 이해하고 먼저 다가가야 한다. 상처로 아파하는 그에게 관심과 소통의 문이 되어주는 노력이 필요하다.

공감하며 듣기

　　　　　누군가와 소통하기 위해서는 여러 가지 능력이 요구되지만, 그중에서도 가장 중요한 것이 내가 하고 싶은 이야기를 상대방에게 잘 전달하는 것이다. 클라이언트나 거래처 사람을 만난 자리에서 막힘없이 내 생각을 말하고 쉽게 이해시킬 수 있는 방법을 익히고 공부하는 것도 그 때문이다.

　많은 사람들이 말하기 능력을 키우기 위해 노력하다 보니 세상엔 말 잘하는 사람들로 넘쳐난다. 말을 잘하면 상대방과 소통하기에 유리한 것이 사실이다. 사람들은 소통하기 위해 쉴 새 없이 입을 놀려댄다. 상대의 말을 귀담아 듣는 사람은 별로 없다. 자신의 생각을 전달하기에 급급해서 상대방이 무슨 말을 하는지 제대로 들으려고도 하지 않는다. 그러나 상대방의 말을 제대로 듣지 않고서는 진정한 소통을 이룰 수 없다.

　쌍방이 서로의 생각을 본래 의도대로 전달하기 위해 필요한 능력이 바로 잘 듣기, '경청'이다. 그렇다면 나는 입을 꾹 다문 채 상대방의 이야기가 끝나기만을 기다리는 것이, 그가 하고 싶은 이야기를 실컷

떠들도록 시간만 주는 것이, 머릿속으로는 다른 생각을 하면서 고개만 끄덕이며 듣는 척하는 것이 과연 잘 듣는 태도일까.

잘 듣는다는 것은 그저 상대방에게 말할 기회만 주는 것이 아니다. 거기에는 진심으로 듣기 위한 노력을 기울인다는 의미도 포함한다.

당신은 먼저 이야기를 하는 편인가, 아니면 누군가의 이야기를 들어주고 함께 대화하고 싶어 하는 사람인가.

서울의 ○○공원은 많은 노인들이 모이는 장소이다. 날마다 오갈 데 없는 노인들이 아침 일찍부터 그곳에 모여 하루치의 햇빛을 소비하는 것이다.

그 공원에는 50대 중반의 공원관리인 정 씨와 박 씨가 있었다. 그들은 하루씩 교대로 일하는데, 혼자서 공원 청소도 하고 관리도 해야 했으므로 늘 분주했다. 그래서인지 정 씨는 노인들이 많이 오는 것을 달가워하지 않았다. 반면에 박 씨는 노인들과 가깝게 지내며 함께 어울렸다. 노인들은 박 씨의 시간을 빼앗는 것이 미안해서 되도록이면 어지럽히지 않으려고 신경들을 써주었다. 뿐만 아니라 그를 도와 운동 삼아 공원 청소를 함께 하기도 했다. 언제부턴가 노인들은 박 씨에게 자신들의 걱정거리나 하소연을 털어놓기 시작했다. 물론 아무리 푸념을 해도 박 씨가 도움을 줄 수 있는 경우는 거의 없었다. 그럼에도 노인들은 자신에게 있었던 일들을 미주알고주알 늘어놓기를 좋아했던 것이다.

어느 날, 70세를 훌쩍 넘긴 한 노인이 박 씨를 붙들고 얼마 전에

나는 왜 인간관계가 힘들까?

자신이 겪었던 일을 장황하게 늘어놓았다.

"내가 잠깐 동네 친구 집에 간 몇 시간 사이에 이것들이 여행을 가 버렸지 뭐야. 나 참 기가 막혀서. 집에서 기르는 개새끼가 집을 나가도 찾는 법인데, 제 부모가 없어진 줄도 모르고 일주일씩이나 해외여행을 간다는 게 말이나 돼? 열쇠도 안 갖고 나왔는데 그런 일이 벌어졌으니 내가 미치고 팔짝 뛰겠더라니까! 하는 수 없이 친구네서 며칠 신세를 졌지 뭐야. 내가 아무리 못난 아버지라도 그렇지 아들 된 도리로 그럴 수는 없는 거 아닌가. 안 그래, 박 씨?"

공원 관리인 박 씨는 정말 안타깝고 속상하다는 표정으로 대꾸했다.

"상심이 크셨겠네요. 아무리 그래도 자기를 낳아준 부모님인데… 제 생각에도 아드님이 너무한 것 같네요…그런데, 아드님한테 혹시 무슨 사정이 있었던 것도 아니고요?"

박 씨의 물음에 노인은 다시 생각해도 분하고 서러운 듯 울먹이며 말했다.

"사정은 무슨 사정? 내가 동네 창피해서 다른 사람한테는 얘기도 못하고 혼자 억울한 걸 참느라 혼났어. 그래도 자네는 무슨 얘기를 해도 다 들어줄 것 같아서…미안하네. 내가 복이 없는 늙은이라 그렇지…아무튼 고맙네. 하나마나한 이야기를 다 들어줘서…고마워, 정말로…"

박 씨는 노인에게 특별하게 해준 것이 없었다. 그는 그저 노인의 이야기를 끝까지 잘 듣고 공감해준 것뿐이다. 그럼에도 노인은 그에게 진정으로 고마워했다. 자신의 이야기에 귀를 기울여주고 함께 마음 아파해 준 것만으로도 충분한 위안이 되었기 때문이다. 그래서 노인은 다른 사람에게 하기 어려운 이야기도 그에게는 거리낌 없이 할 수 있었던 것이다.

경청이란, 상대방에 대한 선입견이나 편견을 버리고 순수하게 이야기에 몰입하고 그의 입장이 되어서 들어주는 것이다. 그리고 고개를 끄덕여주고 기쁘거나 안 됐다는 표정을 지어 맞장구를 쳐줌으로써 공감을 표시하는 것이다. 이것은 말은 쉽지만 실천하기는 그리 녹록치 않은 일이다.

상대방의 이야기가 길어지면 슬그머니 딴 생각을 하거나 속으로 자신의 기준으로 판단하고 결론을 내려버리기 십상이다. 그런 무의식적 행위들은 진정한 의미의 소통을 방해할 뿐이다. 상대방의 입장이 되어 그의 아픔과 상처를 내 것으로 느끼고 공감하지 못한다면 공허하고 형식적인 대화가 될 수밖에 없다.

누군가의 마음을 얻고 소통하는 것은 번드르르한 말 몇 마디나 값비싼 무엇으로 되는 것이 아니다. 상대의 말을 잘 들어주고 공감하며 그의 입장에서 생각하려는 마음이 필요할 뿐이다. 박 씨와 노인은 그렇게 소통하고 있었던 것이다

지시와 강요는 불통의 조건

           사회생활을 하다 보면 자신보다 높은 위치에 있는 상대를 대할 때는 말이나 행동거지에 각별히 신경을 쓰게 된다. 반대로 자신보다 지위가 낮거나 어린 상대에게는 아무래도 그런 조심성이 줄어들게 마련이다.

   쌍방의 무게중심이 어느 한쪽으로 기울게 되면 동등할 때보다 소통이 제한적일 수밖에 없다. 그렇다고 모든 구성원의 나이와 지위가 동일한 수평적인 조직을 구성할 수는 없는 노릇이다. 따라서 주어진 상황 안에서 가능하면 보다 원활하게 소통할 수 있는 방법에 대해 고민하는 노력이 필요하다. 사람은 누구나 자신의 존재가치를 확인하고 인정받고 싶어 한다. 나이와 지위의 차이를 극복하고 효율적인 소통이 이루어졌을 때 느끼는 자아존중감은 스스로에게 만족감과 행복감을 주는 것이다.

   여자고등학교에서 체육을 가르치고 있는 민 선생님은 2학년 5반 담임을 겸하고 있었다. 그는 아이들이 흐트러지거나 말썽을 피울 것 같으면 호되게 꾸짖곤 했다. 지각하는 아이들은 방과 후에 남게 해서

운동장 몇 바퀴씩 돌게 하는 것은 기본이었다. 중간고사에서 학급 평균점수가 떨어지거나, 다른 선생님들로부터 '2학년 5반이 수업 중에 좀 소란스러웠다'라는 소리가 들리기만 해도 불호령이 떨어졌다.

"자식들아, '정신일도하사불성'이라고 했지? 니들이 자꾸 군기가 빠지고 해이해지니까 이번 중간고사 평균도 그 모양으로 나온 거 아냐! 그리고 배영숙이, 너는 왜 국어시간마다 졸고 앉았냐? 내가 다 보고 있다는 거 몰라? 수업 끝나면 전원 집합해. 방과 후에 운동장 열두 바퀴!"

툭하면 떨어지는 집합명령에 아이들은 조금씩 지쳐갔다. 정작 그런 사실을 모르는 민 선생님은 자신의 지도방침에 아이들이 잘 따라주고 있다고 생각하며 내심 만족스러워했다.

"저, 민 선생님. 여자애들인데 그렇게 만날 운동장 뺑뺑이나 돌리지 말고 좀 적당히 하시죠. 그러다 잘못하면 학부모들한테 항의 들어올까 겁나네."

어느 날, 날이 어두워지도록 운동장을 돌고 있는 2학년 5반 아이들을 보며 교감선생님이 말했다. 민 선생님은 싱긋 웃으며 대답했다.

"걱정 마세요. 저도 적당히 조였다 풀었다 하고 있습니다. 자기들도 잘못한 게 있으니까 군말 없이 따르는 거거든요. 하하!"

여름방학이 되자 민 선생님은 일방적으로 상위 몇 %에 속하는 아이들을 학교로 불러 자율학습을 시키기로 했다. 아이들은 불만을 터뜨렸으나 결정이 번복되지는 않았다.

결국 자율학습 첫날부터 아이들은 한 명도 학교에 나타나지 않았다. 자신의 여름휴가도 반납한 채 아침 일찍부터 기다리고 있던 민 선생님은 화가 머리끝까지 나서 아이들에게 연락을 시도했지만 소용이 없었다. 며칠 후, 겨우 연락이 닿은 반장과 부반장을 민 선생님이 교무실로 불렀다.

　"지금 뭐하자는 거야? 다 같이 짰냐? 내가 그렇게 한가해 보여? 지금 선생님을 우롱하는 거야, 뭐야!"

　민 선생님은 아이들에게 농락당한 듯한 느낌에 몹시 화가 나 있었다.

　"그게 아니고요…선생님, 저희들 생각도 해주세요."

　반장이 조심스럽게 입을 열었다.

　"내가 뭘 어쨌는데? 방학 때 집에 있으면 빈둥거리기나 하지. 내 딴에는 너희들 공부 리듬 깨질까봐 학교에 나와서 자율학습을 하라는데, 그게 잘못된 거야? 그렇게 놀고 싶어? 그딴 건 대학 가서도 얼마든지 할 수 있어!"

　"선생님, 학기 중에도 저희 반은 툭하면 운동장을 몇 바퀴씩 돌았잖아요. 요새 어느 학교에서 그런 기합을 받아요? 저희들이 아무리 잘못했다고 해도 그런 식으로 하시는 건 이제는 더 이상 못 참겠어요."

　부반장도 울먹이며 말했다.

　"그건 반 평균이 떨어지고 분위기가 나쁠 때였지, 내가 언제 아무때나 운동장을 돌렸냐? 공부도 습관이야. 내년이면 3학년인데 그때

가서 반짝 공부해서 될 거 같아? 우리 학교 진학률이 전국 1등인데 지금처럼 해서는 가망 없어. 알기나 해?"

아이들은 더 이상 할 말을 잃고 한숨만 내쉴 뿐이었다.

왜 이런 일이 벌어졌을까. 민 선생님은 대학진학률에 민감한 학교 방침에 부응하기 위해, 자신의 맡은 바 책임을 다하기 위해, 그리고 아이들을 위해 최선을 다했다. 그러나 그것은 일방적인 생각에서 비롯된 착각일 뿐이었다. 아이들이 정말로 원하는 게 무엇인지, 또 다른 방법은 없는지에 대해서는 간과했던 측면이 있었다.

민 선생님과 아이들 사이에는 충분한 의사소통이 부족했던 것이다. 그러다 보니 자신의 생각대로 따라오지 못하는 아이들을 향한 민 선생님의 채찍은 더욱 거세어졌고, 그런 선생님의 일방적인 지시나 교육방식에 대한 아이들의 불만도 높아진 것이다.

선생님과 학생 사이처럼 동등하지 못한 관계일 때 원활한 의사소통은 어려운 문제가 될 수 있다. 선생님의 교육방침이 아무리 훌륭하다 할지라도 학생들 입장에서는 지나치게 훈육적이고 일방적인 지시로 느껴질 수 있기 때문이다. 만약 민 선생님이 학년 초에 학생들과 함께 '앞으로 1년 간 어떤 식으로 함께 공부하고 발전해 나갈 것인지'에 대하여 열린 토론의 시간을 가졌더라면 결과는 많이 달라졌을 것이다.

일방적인 지시와 훈육은 당장 눈앞의 성과를 끌어낼 수 있을지 몰라도 장기적으로는 구성원 간의 갈등을 조장하고 반발을 불러올 수

나는 왜 인간관계가 힘들까?

있다. 이는 학교뿐만 아니라 어떤 조직에서든 동등하지 않은 관계에 있는 쌍방 간에 범할 수 있는 오류이기도 하다.

상대가 나보다 어리거나 지위가 낮다고 해서, 권위만을 내세워 일방적으로 결정하고 지시해도 좋은 경우는 흔치 않을 것이다. 관용을 가지고 상대방의 생각과 말에 귀를 기울이는 노력이 진정한 소통을 위해 필요하다는 것을 기억하자.

진심으로 대우하기

누구와도 잘 어울린다는 말을 듣는 사람들이 있다. 그들은 처음 만나는 상대와도 자연스럽게 대화를 나누고 오랫동안 알아온 사람처럼 허물없이 대하는 것을 볼 수 있다.

"저 사람은 참 말을 잘하는 것 같아. 아무나 붙잡고 대화를 해도 상대방이 맞장구를 쳐주더라니까."

무작정 말을 잘하는 것이 아니라, 사실은 소통의 방법을 아는 것이다. 말을 잘 한다고 해서 금세 아무하고나 자연스런 대화를 하기란 쉽지 않다. 상대방이 낯선 사람의 말을 들어줄 생각이 없을 때는 정상적인 대화가 이루어지기 어렵기 때문이다. 소통을 잘하기 위해서는 상황에 따라 대화의 방식에 변화를 주는 순발력이 필요하다.

대화의 목적은 말 그대로 누군가와 생각을 나누고 합일점을 찾는 것이다. 쌍방이 만족하는 결과를 얻을 때 진정한 소통이 이루어졌다고 할 수 있다. 하지만 아무리 진심을 가지고 이야기하더라도 방법이 적절치 못하면 긍정적인 결과를 얻지 못할 수도 있다.

외동딸을 시집보내게 된 박 여사는 혼수 장만 문제로 걱정이 태산

나는 왜 인간관계가 힘들까?

이었다.

"엄마, 너무 걱정하지 마세요. 혼수는 간단히 준비하기로 재석 씨랑 얘기 끝냈어요."

박 여사가 혀를 차며 말했다.

"사돈댁이 세상 사람들이 다 아는 대단한 집안인데, 그게 말처럼 쉽겠니?"

"아니면요? 내가 어디가 모자란 것도 아닌데 왜 바리바리 싸들고 시집을 가요? 절대로 그렇게 안 해요, 엄마!"

박 여사도 뭔가 깨달은 듯 무릎을 치며 말했다.

"하긴 그 말도 맞네. 네가 남들보다 가방끈이 짧은 것도 아니고, 그렇다고 인물이 빠지길 하나, 그 집 자식이 너 좋다고 따라다녀서 혼인까지 가는 건데, 기죽을 필요 없지. 박사 딸내미를 빼앗기는 우리가 오히려 억울한 일인데, 안 그러냐?"

"근데 엄마, 아무리 그렇다 해도 그런 소리 대놓고 하면 안 돼요. 그냥 우리가 알아서 할 테니까 엄마는 상견례 때 그냥 알았다고만 하세요, 아셨죠?"

딸은 은근히 걱정스러운 듯 말했다.

며칠 후, 두 집안의 부모가 처음으로 만나 인사를 나누는 상견례 자리가 마련되었다. 간단한 식사를 마치고 차를 마시며 남자 쪽 어머니가 조심스레 입을 열었다.

"아이들에게 들으셨는지 모르겠습니다만, 혼수는 어떻게 하는 게

좋을까요?"

"딸아이한테 대충 들었습니다. 간단히 하기로 했다고요."

기다렸다는 듯, 박 여사는 이렇게 대답하자, 신랑 쪽 어머니가 이렇게 응수했다.

"네~간단하게, 집은 저희가 마련할 테니 거기 채울 가재도구 정도면 될 거 같네요. 48평 아파트로. 그런데 저희 가족이 대식구이긴 하지만 간단하게 예단도 그냥 사람 수대로 명품 한 가지씩만 하시는 건 어떨까요? 가방이나 구두나 뭐 그런 걸로……그게 간단하겠죠?"

직계 가족만 30여 명 정도라는 이야기는 딸아이로부터 들어 알고 있던 터였다. 박 여사는 '간단하게 명품으로 한 가지씩만'이라는 말에 그만 이성을 잃고 말았다.

"네에-? 48평 아파트를 다 채우고, 가족 수대로 명품을 준비하라고요? 그런데…저희 딸아이가 왜 그렇게 준비해 가야 되는 거죠? 제 딸 자랑 같습니다만, 학교 다닐 때 줄곧 우등생이었고 박사학위까지 땄는데 뭐가 부족해서 그렇게까지 싸들고 시집을 가야 되는지 저는 정말 이해가 안 되네요. 살림살이야 당장 필요한 정도로만 하면 되는 거고, 살아가면서 하나씩 마련해야 사는 재미도 있는 거 아니겠어요? 자식 결혼시키면서 돈 자랑 하자는 것도 아니고, 죄송하지만 저는 그런 결혼은 못 시키겠네요. 재력 있으신 집안에서 명품이 뭐 그렇게 아쉬워서 시집오는 애한테 명품을 돌리라고 하시는지… 그건 좀 심한 거 아닌가요, 예비 사돈?"

스스로의 감정에 도취한 탓인지 박 여사의 얼굴은 적잖이 상기되어 있었다. 예비 사돈은 물론 그 자리에 모인 가족들 역시 박 여사의 말에 당황한 표정이 역력했다. 박 여사는 속으로 아차, 했으나 이미 내뱉은 말을 주워 담을 수도 없는 노릇이었다.

외동딸을 시집보내게 된 박 여사의 심정은 누구나 이해할 것이다. 품 안의 자식을 떠나보내는 아쉬움과 애틋함은 남다를 수밖에 없다. 박 여사는 애지중지 키운 딸을 떠나보내는 마당에 혼수를 바리바리 해오라는 말에 격앙되고 말았다. 그러다 보니 생각을 직설적으로 드러내는 말실수를 한 것이다. 물론 그녀의 말은 모두 진심이며 딸에 대한 절절한 애정을 담고 있음을 충분히 알 수 있다. 하지만 직설적이고 거친 표현으로는 상대의 마음에 절절하게 가 닿을 수 없다. 진심을 이야기할 때라도 상황에 따라서는 최소한의 꾸밈이 필요하다. 그것이 상대방에 대한 기본적인 예의이며 최소한의 조건이다.

박 여사가 상견례라는 상황의 특수성을 감안하여 딸에 대한 감정만을 내세우기보다 상대방에 대한 예의를 조금만 갖추었더라면 어땠을까.

"그것도 좋긴 한데, 젊은 애들 둘이 살기에 48평은 너무 크지 않을까요? 조금 작은 집부터 시작해서 조금씩 늘려가는 것도 사는 재미잖아요. 그리고 예단은, 저희 친척 중에 도예가가 한 분 계신데, 괜찮으시다면 그분의 도예작품으로 한 점씩 하면 어떨까요?"

이런 식으로 조금 완곡하게 표현해도 딸을 아끼는 어머니의 마음을 충분히 전달할 수 있었을 것이다. 예비 사돈의 기분이 상하지 않도록 나름대로 예의까지 갖추면서 말이다. 세계적으로 유명한 브랜드만이 아닌, 귀하고 드문, 그러면서도 받는 이에게 특별한 의미로 남을 수 있는 물건이 바로 명품이기 때문이다.

예쁜 포장의 선물이 받는 사람을 기분 좋게 하듯 진심으로 소통하려 할 때도 마찬가지이다. 허황되고 가식적인 포장이 아닌 상대와 진심으로 소통하기 위한 작은 노력과 꾸밈이 필요하다.

당신에게는 몇 명의 진정한 친구가 있는가? 어떤 사람은 주위에 늘 많은 사람들이 들끓고, 어떤 사람은 항상 혼자인 것처럼 보이는 경우가 있다. 둘 중 어느 쪽이 더 대인관계를 잘하는 것일까. 이것은 단순히 외형적인 면만 가지고 판단할 수 있는 문제가 아니다. 왜냐하면, 주위에 사람이 많다고 하여 그에게 진심을 나눌 친구가 꼭 있으리라고 단정할 수 없으며, 반대로 늘 혼자인 것처럼 보이는 이가 실제로 외로움에 절망하고 있다고 말할 수 없기 때문이다. 그저 말을 주고받는 것만으로 충분한 소통이 이루어지는 것은 아니다. 아무리 주위에 사람이 많아도 서로 진정으로 마음을 터놓지 못한다면 그는 군중 속의 고독, 혹은 단절감을 느낄지도 모른다.

40대 중반의 윤주 씨와 정선 씨는 중·고등학교 때부터 사귀어온 친구사이이다. 패션 감각이 남달랐던 윤주 씨는 학교를 졸업하자마자 남대문 패션타운에 작은 매장을 내고 직접 디자인한 옷을 제작해서 판매하는 등 사업수완을 발휘했다. 다양한 아이템과 상품 개발로 그녀의 사업은 나날이 번창했다. 직업상 그녀는 많은 사람들을 만나고 알고 사귀는 편이었다. 반면 도서관 사서로 일하는 정선 씨는 조용한 성격에 만나는 사람도 그리 많지 않았다. 전혀 다른 타입이지만 두 사람은 오랜 세월 동안 변함없이 우정을 유지해 왔다. 서로의 가정을 꾸리고 일도 바쁘다 보니 자주 만나지는 못하지만 일 년에 몇 번씩은 만나서 수다도 떨고 즐거운 시간을 보내곤 했다.

그런데 언제부턴가 그런 만남이 뜸해지면서 두 사람 사이에는 알 수 없는 거리 같은 것이 생겨나고 있다고 정선 씨는 느끼기 시작했다. 가끔 들리는 소식에 의하면 윤주 씨가 사업을 접었다고도 하고 새로 벌인 일이 잘 되지 않아서 어려움을 겪는다고도 했다. 그녀의 아버지가 돌아가셨다는 얘기는 다른 사람을 통해서 전해 들었다.

'이상하네. 왜 나한테 연락을 안 했지?'

좋은 일이든 나쁜 일이든 친구로서 꼭 챙기려고 했는데 아예 연락을 하지 않으니 정선 씨로서는 어쩔 도리가 없는 것은 물론 서운한 생각마저 들었다.

몇 년 만에 다시 만났을 때 윤주 씨는 많이 지쳐 보였다.

"얼굴이 많이 상했네. 무슨 일 있니?"

정선 씨는 친구의 근황이 궁금해서 조심스레 물었다.

"아니야. 그냥 좀 지쳐서 그래. 사는 게 허무하다… 왜 이렇게 외롭냐? 어차피 세상은 혼자 살아가는 거지만, 정작 혼자라고 생각하니까 힘드네. 그래도 씩씩하게 견뎌내야겠지?"

윤주 씨가 혼잣말처럼 내뱉었다. 무표정한 얼굴로 허공을 응시한 채 넋두리를 늘어놓는 그녀는 평소와 사뭇 다른 모습이었다.

"네가 왜 혼자야? 남편이랑 자식이랑 다 있는데. 언니, 오빠도 있고, 나도 있잖아. 얘가, 배가 부르니까 별소릴 다 하네…무슨 걱정거리 있니? 얘기해 봐. 도대체 그동안 무슨 일이 있었는지 알 수가 있나."

정선 씨는 걱정스런 생각에 이렇게 되물었다.

"아니야. 일은 무슨…"

윤주 씨는 이렇게 얼버무리고는 더 이상 입을 열지 않았다.

오랜만에 만난 친구의, 뜻을 알 수 없는 넋두리가 정선 씨에게는 의문덩어리였다. 그녀가 생각하는 윤주 씨는 늘 바쁘게 일하고 많은 사람들과 어울려 지내는 사업가였다. 한가하게 외로움타령이나 늘어놓을 위인이 아니었다. 그러나 굳게 입을 다문 친구에게 더 이상 캐물을 수도 없는 노릇이어서 정선 씨는 그저 답답할 뿐이었다. 그 후로 두 사람은 일상적인 이야기, 세상살이에 관한 이야기 등을 나누며 겉도는 시간을 보냈다.

'너무 가끔 만나다 보니 서로에게 마음을 터놓지 못하는구나. 좀 더 자주 만나야 걱정거리도 함께 나눌 텐데… 앞으론 그렇게 하도록 해야겠어.'

절친한 자신에게조차 마음을 열지 못하는 윤주 씨를 보며 정선 씨는 속으로 이렇게 중얼거렸다.

어느덧 헤어져야 할 시간이 되어 정선 씨는 친구의 손을 잡고 짐짓 활짝 웃으며 말했다.

"가시내야, 아무리 바빠도 가끔씩 만나서 수다 좀 떨자. 친구 얼굴 잊어버리겠다."

윤주 씨는 대답 대신 희미한 미소를 지어보일 뿐이었다. 순간, 정선 씨는 문득 이것이 그녀와의 마지막 만남이 될지도 모른다는 느낌을 받았다.

사회생활을 하는 사람들 모두가 대인관계에 완벽하게 적응하는 것은 아니다. 나름대로 적응방식을 터득하여 적당히 타협도 하면서 살아가지만, 대인관계에 기본적으로 부담을 느끼고 힘들어 하는 경우가 적지 않다. 겉으로는 대인관계에 아무런 문제가 없을 뿐만 아니라 매우 잘 해내고 있는 것처럼 보이는 경우에도 막상 속을 들여다보면 힘겨워하는 사람들이 의외로 많기 때문이다.

윤주 씨가 바로 그런 경우일 수도 있다. 겉보기엔 씩씩하고, 적극적으로 일을 처리하고, 대인관계 또한 원만해 보이지만 정작 본인은 아무에게도 말 못하는 어려움을 겪고 있는 것이다. 그것을 가까운 사람들에게 털어놓을 수 있다면 그녀의 문제는 조금이라도 해결되거나 혹은 위로받을 실마리를 찾을지도 모른다. 그러나 가까운 친구에게조차 터놓지 못하고 마음을 닫아버린다면 그것은 철저히 혼자만의 몫으로 남을 뿐이다. 이렇듯 가까운 이에게조차 마음의 문을 열지 못한다면 어느 누구도 그녀를 도와줄 수 없다.

진정으로 타인과 소통하고 위로받기를 원한다면, 먼저 마음을 열고 다가가야 한다. 아주 오랜만에 만난 친구에게 처음부터 고민을 털어놓기 힘들다면 우선 둘 사이에 공감대를 형성할 수 있는 이야깃거리를 찾아보는 것도 하나의 방법이다. 함께 했던 지난 추억들을 더듬어보는 것이다.

아스라하게 멀어진 기억들을 한 조각씩 꺼내어 퍼즐을 맞추다 보면 철없고 순수한 시절에 느꼈던 기쁨과 슬픔들이 조금씩 떠오를 것이다. 그렇게 공감의 순간에 이르면 현재의 힘겨움이나 걱정거리도 스스럼없이 꺼내놓을 수 있다. 상대 입장에서도 진정으로 들어주고 함께 나눌 수 있는 분위기가 자연스럽게 형성된다.

비록 하루가 다르게 변하는 디지털 세상에서 살고 있지만 인간의 정서는 아직도 아날로그이다. 현대인들이 끊임없이 누군가와 소통하고 위로받고 싶어 하는 이유도 그 때문이다.

자신의 아픔에 대해 가까운 이에게 털어놓기 머쓱하다고 해서, 어디 가서 떠버리고 다닐까 봐 두렵다고 그냥 입을 닫고 군중 속으로 사라지지 말라. 아무도 믿지 못해 침묵하며 외로워하지 말고 가까운 이들과 소통하라. 낡고 허름한 추억을 꺼내어 함께 더듬어 만지며 가슴을 열고 속삭여라.

당신의 친구가 기다리고 있다. 진정으로 소통하기를 원하면서.

가까울수록 아끼지 말아야 할 것

　　　　　　　　조직사회에서 소통의 문제는 그 조직
의 성패를 좌우할 정도로 중요하다. 개인들이 모여 이루는 하나의 거
대 조직에서 원활하고 적극적인 의사소통은 문제해결과 업무성과에
미치는 파급효과는 물론이고, 조직 내부의 불필요한 자원의 낭비를 막
아줄 뿐만 아니라 상호협력을 가능케 하여 플러스 알파의 결과를 창출
하는 원동력이 되기 때문이다. 개인이 아무리 뛰어난 능력과 아이디어
를 가졌다 해도 조직원들 간의 긴밀한 협력과 의견교환, 즉 원활한 소
통과정 없이는 조직 차원의 혁신이나 진보는 기대하기 어렵다.

　개인의 능력에 의존하던 과거의 방식에서 벗어나 최근에는 조직
전체의 창의성과 혁신정신이 더욱 중시되고 있다. 그것은 조직원들
간의 긴밀한 의사소통을 통해서만이 가능하다. 그러나 이런 인식의
변화에도 불구하고 조직을 구성하는 개개인들 간에는 알게 모르게 알
력과 갈등이 존재한다. 아무리 전체의 이익을 위해 일한다 해도 사람
인 이상 그것을 배제하기란 불가능에 가깝다.

　애니메이션영화 제작회사에 근무하는 강영재 부장은 입사 때부터

유능한 인재로 인정을 받아왔다. 회사는 집단적인 의사소통 과정을 매우 중시했다. 누구라도 자신의 의견을 제시할 수 있었고, 아이디어에 대한 의사소통 또한 자유로웠다. 지위고하를 막론하고 진행되는 프로젝트에 대한 의견교환이 가능했다. 사장의 의견이라도 부족하다고 생각되면 말단직원도 서슴없이 그에 대해 이의를 제기할 수 있었다.

거의 매일 문제해결을 위한 의견교환이 이루어졌다. 각자 가장 효율적이라고 생각되는 아이디어를 제시하고 그에 대해 여러 구성원의 토의와 문제제기, 해결점 모색 등의 과정이 이어졌다. 그 과정에서 자신의 의견이 무시당할 것을 염려하는 직원은 없었다. 칭찬을 듣기 위해 연연할 필요도 없었다. 그들이 한자리에 모인 것은 '프로젝트에 관한 가장 좋은 아이디어를 창출하기 위함'이기 때문이었다.

하지만 언제부턴가 강 부장의 가슴 속에서는 부하 직원인 홍수재 대리에게 곱지 않은 감정이 쌓이고 있었다. 강 부장은 자신이 기획한 판타지 애니메이션의 캐릭터에 대해 홍 대리가 작정한 듯 브레이크를 걸고 있다는 느낌을 여러 차례 받은 것이다.

'이러면 안 되는데 왜 자꾸 쟤가 얄밉게 보이는 거지?'

강 부장은 홍 대리에게 반격을 당한 날이면 점점 다른 직원들마저 자신을 얕보는 것 같아서 심기가 불편했다. 그럴 때마다 업무적으로 감정을 드러낸다는 것은 옳지 않다고 스스로를 다독이곤 했다.

기획이 마무리 단계에 접어들던 어느 날이었다. 처음부터 끝까지 책임을 맡아온 강 부장은 홍 대리가 정리하여 내미는 최종 기획안을 검토

하다가 깜짝 놀라고 말았다. 기획자의 이름이 자신이 아닌 홍 대리로 되어 있었기 때문이었다. 기획자의 이름을 가리키며 그가 물었다.

"뭐야? 이름에 오타가 났잖아!"

"네? 아닌데요."

홍 대리가 머뭇거리며 이렇게 대답했다.

"오타가 아니라고? 그럼 왜 기획자가 너라고 생각 하냐? 지금 제정신이야?"

강 부장은 그간의 일들이 떠올라 이렇게 쏘아붙였다.

"부장님도 잘 아시다시피 그동안 기획회의 때마다 채택된 건 거의 제 아이디어였잖아요. 그러니까 아무래도 제가 이번 프로젝트를 끝까지 책임지는 게 옳다고 생각되는데요?"

그 소리를 듣는 강 부장은 속이 부글부글 끓어오르는 것을 느꼈다.

"야, 니 의견이 많은 호응을 얻은 건 사실이지만 처음 아이디어를 내놓은 건 엄연히 나야! 남의 기획 훔치는 것도 아이디어냐? 그동안 할 말이 있어도 꾹 참고 있었더니 이젠 막 나가는구나? 잔머리만 팍팍 굴리면 부장 자리도 거저먹을 거 같지? 어디서 말도 안 되는 소리를 지껄이는 거야!"

홍 대리도 흥분하여 지지 않고 대꾸했다.

"왜 그러세요, 부장님. 누구나 언제든지 자신의 의견을 개진할 수 있고 그 의견이 채택되지 않는다 해도 그건 결국 회사의 더 큰 이익을 위해 필요한 과정일 뿐이잖아요? 거기다 감정을 개입하시면 안 되죠.

나는 왜 인간관계가 힘들까?

제 아이디어가 부장님보다 뛰어난 것도 잘못인가요? 깨지기 싫으시면 더 분발하셔야죠, 왜 저한테 화풀이를 하세요?"

조직 구성원의 원활한 의사소통은 전체의 이익을 위해서는 매우 유리하고 효율적인 반면 그 과정에서 깨지고 무너지는 경험을 하는 조직원에게는 더없이 잔인한 경험이 될 수도 있다.

강 부장도 그동안 조직사회에서 유능하고 없어서는 안 될 사람으로 인정받았으나 어느 순간부터 부하 직원에게 추월당하는 처지가 되고 말았다. 그에게 필요한 것은 사적인 감정을 배제하는 노력이었다. 작은 감정들이 쌓이기 시작하면 결국 언젠가는 터지게 마련이다.

강 부장도 평소 감정의 앙금을 가지고 있던 홍 대리가 자신의 자리마저 위협하는 듯한 태도에 더 이상 참지 못하고 폭발했던 것이다. 그러나 감정을 내세우면 더욱 치졸하고 처참해지는 것은 오히려 강 부장 쪽이다.

하루 중 가장 많은 시간을 같은 공간에서 보내며 가족보다 가까운 사이일수록 아끼지 말아야 할 것이 바로 칭찬과 같은, 상대방을 인정해주는 표현이다. 강 부장이 자신의 공을 알아주길 바라는 홍 대리에게 좀 더 유화적으로 대응했다면 서로 얼굴 붉히는 일은 일어나지 않았을 것이다. 감정적으로 엇나간 홍 대리의 처신 역시 부적절하기는 마찬가지였다.

결국 소통이 문제였다. 이들은 조직 전체의 이익을 위한 의사소통에만 관심을 두었을 뿐 정작 개개인의 감정과 심리적 소통에는 무심했던 것이다.

공적인 일에 개인의 감정을 개입해서는 안 되지만, 그보다 우선해야 할 것은 개인 간의 긴밀한 소통이다. 진정한 소통을 위해 필요한 또 하나의 키워드는 상대방을 인정하고 먼저 칭찬해주는 노력이다.

'다름'과 '틀림'을 이해하기

사람마다 생김새가 다르듯이 성격이나 취향, 말투도 다르게 마련이다. 서로 다른 생각과 취향 때문에 사소한 트러블이 발생하는 것도 사실이다. 이러한 문제는 자신과 다른 상대방의 생각이나 취향 등을 이해하지 못하고 배척하는 태도에서 비롯된다.

백인백색의 사람들이 모여 복잡하고 다양한 관계를 맺으며 살아가기 위해 필요한 것은 무엇일까.

요즘 거리에 나가 보면 피어싱이나 타투를 한 젊은이들을 심심찮게 볼 수 있다. 연세 지긋한 어르신들의 눈에 그들은 이해하기 어려운 철부지들로 비칠 뿐이다. 일단 거부감을 갖게 되면 상대방이 아무리 좋은 일을 하거나 뛰어난 재능을 보인다 해도 곱게 봐줄 수가 없다.

그러나 한 걸음 물러나 역지사지로 자신을 돌이켜보는 여유가 있다면 타인의 취향에 대하여 쉽사리 평가하고 비난하지는 못할 것이다.

'참 좋을 때다, 피가 끓는데 뭐는 못 하겠어. 지금 아니면 못해 볼 일이지.'

나와 상대방의 차이를 인정하게 되면 세대를 넘어 공감을 나누고 소통할 수 있다. 그럼에도 말처럼 쉽지 않은 것이 차이를 인정하는 것이다. 많은 사람들이 '인정(이해하고 알아주기)'을 '긍정(옳다고 여김)'으로 착각하곤 한다.

은정 씨는 남자보다 여자에게 더 호감을 느끼는 편이다. 그런 취향을 사람들은 '동성애'라고 일컫는다. 세상의 그런 편견을 잘 알기에 은정 씨는 남들과 좀 다른 자신의 취향을 철저하게 숨겨야만 했다. 회사 내에서 호감이 가는 동료 여직원을 볼 때마다 속으로 당황하곤 했다. 그냥 자연스레 친구로 지내자고 다가갈 수도 있겠지만 쉽게 그럴 수가 없었다.

어느 날, 회사 야유회에서 그동안 속으로 혼자 좋은 느낌을 갖고 있던 여직원과 팀을 이루어 게임을 하게 되면서 자연스레 가까워졌다. 이후 두 사람은 절친한 사이가 되어 주위의 이목을 끌게 되었다.

"두 사람, 오늘도 같이 출근하는 거야? 퇴근도 같이 하더니…날마다 그렇게 붙어 다니면 사람들이 오해하겠어, 둘이 사귄다고 말이야. 하하!"

직장동료들 사이에 두 사람의 이야기가 오르내리자 사내 커플로 다른 부서에 근무하는 은정 씨의 남자친구가 어느 날 그녀를 불러내 따지듯 서운함을 토로했다.

"너무 한 거 아니야? 어떻게 나보다 윤영주를 만나는 시간이 더 많을 수 있어? 우리 사이가 너무 소원해지고 있잖아. 도대체 왜 그래?"

나는 왜 인간관계가 힘들까?

은정 씨는 아무렇지 않은 듯 말했다.

"무슨 소리야, 날마다 회사에서 보면서. 지금 영주한테 질투하는 거니? 걔랑 마음이 잘 맞으니까 같이 영화도 보러 가고 맛있는 것도 먹고 그러는 거지……"

남자친구는 계속해서 다그쳤다.

"아니야. 내가 볼 때, 너희 두 사람 그냥 친구 사이 같지가 않으니까 하는 소리야! 너희 둘 진짜 사귀는 거 아니야?!!"

안 그래도 관계를 정리할까 고민 중이었는데 남자친구가 그런 식으로 캐고 나오자 은정 씨는 발끈하는 심정이 되어 불쑥 이렇게 내뱉고 말았다.

"그래, 나 걔랑 사귄다. 왜? 난 너보다 영주가 더 좋아, 남자보다 여자가 더 좋다고! 그러니까 이제 우리 그만 만나! 됐냐?"

그 말을 들은 남자친구는 한동안 멍한 표정을 짓더니 이렇게 입을 열었다.

"어쩐지…그동안 뭔가 이상하다고 생각은 했지만 사실일 줄은…"

순간 은정 씨는 당황하여 다급하게 번복했다.

"아, 아니야…그냥 농담이야!"

그러나 이미 남자는 확신에 찬 표정으로 떨치고 일어나 침을 뱉듯 비웃으며 돌아섰다.

"어디, 계집애들끼리 잘 해봐라!"

얼마 후, 회사 내에 '김은정은 동성애자'라는 소문이 파다하게 퍼졌다. 그로 인해 그녀는 영주 씨에게도 외면당했을 뿐만 아니라 회사까지 그만 두어야 했다.

우리 사회에는 오른손잡이뿐만 아니라 왼손잡이도 있다. 그와 마찬가지로 이성애자는 물론 동성애자, 양성애자도 공존한다. 왼손을 사용하는 것이 틀린 것이 아니듯, 동성에게 호감을 갖는 것이 문제가 될 수 없다. 동성애나 양성애 역시 서로 다른 취향으로 인정되어야 하며 사회적으로 매도당해야 할 잘못은 결코 아니다. 성적 취향이란 결코 옳고 그름으로 판단할 문제가 아니기 때문이다.

은정 씨의 남자친구는 그녀가 남자인 자신보다 다른 여자에게 호감을 느낀다는 사실에 당황한다. 그는 자신의 선입관에 비추어 자신과 '다른' 취향은 '틀렸다'고 간단하게 결론짓는 오류를 범하고 말았다.

다름을 인정하지 못하는 순간, 두 사람 사이의 대화는 소통이 아닌 단절로 끝나버렸다. 물론 나의 연인이라고 생각해왔던 상대가 어느 순간 전혀 다른 취향을 고백하면 무척 당혹스러울 것이다. 조금의 충격도 없이 곧바로 이해하고 받아들여주기를 바랄 수도 없다.

그렇다 해도 옳고 그름을 따질 수 없는 지극히 개인적인 취향임에도 제3자로서 그런 사실을 사내에 퍼뜨려 당사자를 곤경에 빠뜨리기까지 했다. 그것은 긍정할 수 없으므로 인정조차 하지 못하겠다는 경직된 사고방식이다. 그의 행위는 차이를 인정하지 못하는 데서 한 걸음 더 나아가 악의적이고 비정한 행위이므로 비난받아 마땅하다.

나는 왜 인간관계가 힘들까?

시대가 변하고 사회가 다양화됨에 따라 보다 복잡하고 다양한 인식의 변화를 요구받고 있다. 빠르게 변화하는 시대 조류에 적응하고 가치의 다양성을 포용하기 위해서는 자신만의 고정관념과 경직된 사고에서 벗어나야 한다.

나와 다른 상대방의 생각과 취향을 인정하고 존중할 때 시대와 세대를 초월한 진정한 소통의 국면으로 나아갈 수 있을 것이기 때문이다.

배려와 이해

사전에서 소통이란 단어를 찾아보면 '막히지 아니하고 잘 통함. 뜻이 서로 통하여 오해가 없음'이라고 정의하고 있다.

쌍방 간의 의도, 혹은 말하고자 하는 바가 서로 막힘이 없어야 한다는 뜻일 것이다. 인간관계 속에서 사람들은 자신의 생각하는 바를 모두 말로 표현하지는 않는다. 만일 그랬다간 세상은 온통 말의 홍수로 넘쳐날지도 모른다. 결국 말이란 생각하는 것 중에서 '상대방과 의미 있는 의사소통에 필요한 내용만 걸러져 나오는 것'이라고 할 수 있다.

가까운 사이에서의 소통은 비교적 수월하다. 이미 서로의 마음이나 생각을 대충 알고 있으니까. 그에 반해, 잘 모르는 사이라든지 간혹 마주치게 되는 낯선 이들과의 의사소통은 그리 쉬운 일이 아니다.

어느 목요일, 20대 직장여성 인경 씨는 퇴근 후 많은 사람들로 북적거리는 지하철에 올랐다. 자신의 승용차는 정비소에 들어갔기 때문에 당분간 지하철을 이용해야 했다. 그녀는 취미활동으로 시작한

벨리댄스 학원에 가기 위해 목적지인 강남으로 향했다.

얼마쯤 갔을까, 50대 후반으로 보이는 한 남자가 인파를 헤치고 들어오더니 그녀 앞의 빈자리에 잽싸게 몸을 던졌다. 그리고는 승리 감에 도취한 듯 팔짱을 끼고 다리를 쫙 벌린 채 그녀를 빤히 올려다보았다. 사람들 사이를 거침없이 헤치고 들어온 것도 모자라 꼴사나운 자세로 만족스런 미소를 띠는 남자가 그녀로서는 참을 수 없이 혐오스러웠다.

'아, 재수 없어. 키는 난쟁이 똥자루만 한 게 동작은 엄청 빠르네. 저런 인간 보기 싫어서라도 차를 몰고 다녀야지……'

속으로 이렇게 곱씹으며 그녀는 무표정하게 고개를 돌려버렸다. 얼마 후, 무심히 시선을 흘리던 그녀는 그 '쩍—벌—남'의 옆에 앉은 승객들이 불편해하는 것을 알아차렸다. 안 그래도 심사가 뒤틀린 판에 그런 광경까지 지켜보고 있자니 울화가 치밀었다. 참다못한 그녀가 결국 입을 열었다.

"저기요, 아저씨. 그 다리 좀 붙이고 앉으세요. 옆 사람들이 불편해하잖아요. 여기가 아저씨 안방이에요?"

젊은 아가씨로부터 느닷없는 설교를 들은 남자는 얼굴이 벌개지더니 거칠게 대꾸했다.

"뭐야, 네가 뭔데 남의 다리를 붙여라 마라 참견이야? 그러는 넌 여기 전세 냈냐? 미친×, 지랄하고 자빠졌네!"

그리고는 그녀의 발 앞에 침을 퉤 뱉었다.

순간, 화를 참지 못한 그녀가 격앙된 목소리로 다시 쏘아붙였다.

"뭐 이런 거지같은 경우가 다 있어? 지하철 이용할 때는 어떻게 하라고 저기 붙여놓은 것도 안 보이세요? 옆에 앉은 사람이 그 쩍 벌린 다리 때문에 불편해 하니까 자세 좀 바꿔달라는데 누가 누구한테 지랄이래?!"

그녀는 주위 사람들을 돌아보았으나 서로 눈치만 볼뿐 그들의 말다툼에 끼어들려 하지 않았다. 그러자 남자는 더욱 기고만장해져서 언성을 높였다.

"넌 애비 에미도 없냐? 얌전히 있는 사람한테 어디서 설교야?"

"말 똑바로 하세요. 얌전히 있었다고요? 그렇게 자기 생각만 하고 다른 사람들 생각은 하지 않는 댁 같은 사람들 때문에 공공질서가 엉망이 되는 거라고요. 몰라서 그랬다면 실수를 인정하고 알려주는 사람한테 고마워해야지 어디서 적반하장이야, 무식하게!"

다음 순간, 남자가 자리에서 벌떡 일어나더니 그녀의 멱살을 잡고 흔들기 시작했다.

"뭐야, 이런 싸가지 없는것 같으니라고! 정말 죽고 싶어?"

놀란 승객들이 비명을 지르자 열차 안은 순식간에 아수라장으로 변하고 말았다. 때마침 지하철의 출입문이 열리자 사내는 여자의 멱살을 그러쥔 채 밖으로 끌고 나가며 소리쳤다.

"너 잘 걸렸다! 오늘 내 손에 한번 죽어봐!"

힘으로는 당할 수 없었던 인경 씨는 그의 우악스런 손에 끌려 나갈

나는 왜 인간관계가 힘들까?

수밖에 없었다. 그날, 그녀는 과연 벨리댄스 학원에 갈 수 있었을까?

대중교통을 이용하다 보면 서로 조심을 한다고 했는데도 가끔은 불편한 상황과 맞닥뜨리게 된다. 두 사람의 충돌은 '소통' 방법의 오류에서 비롯되었다. 두 사람은 서로에게 자신의 생각을 말하긴 했으나 일방적일 뿐 진정한 의미의 소통에 이르지는 못한 것이다. 말은 있으나 소통하지 못한 것은 서로에 대한 배려가 부족했기 때문이다. 물론, 오다가다 우연히 한 번 마주친 사람들끼리 어떻게 상대에 대한 배려를 운운할 수 있느냐고 반문할 수도 있다. 그러나 의사소통의 기본은 '내 말을 듣는 사람에 대한 최소한의 배려와 예의가 전제'되어야 한다. 그것이 없으면 한마디로, 소통은 불가능하다!

인경 씨는 많은 사람들이 있는 자리에서 상대의 입장은 고려하지 않은 채, 자신의 감정만을 묵직하게 실어서 거침없는 말의 펀치를 날렸다. 아무리 잘못이 크더라도 그 펀치의 상대로 지목당한 입장에서는 모욕감을 느낄 수 있다. 자신의 잘못을 인정할 마음의 여유를 갖지 못한 상태에서는 대부분의 사람들이 감정적으로 대응하게 마련이다. 상대방에 대한 배려 없이 자신의 감정만이 중요하게 작용할 때 말은 소통의 도구가 아닌 끔찍한 폭력의 도구로 전락하고 마는 것이다.

소통이란 이처럼 사소한 말 몇 마디를 어떻게 하느냐에 달려 있다.

그녀는 남자의 옆자리에서 불편을 겪는 사람들의 심정은 이해했으나 그의 입장은 이해하지 못한 것이다. 그로 인해 벌어진 상황은 오히려 모든 사람들을 불편하게 만들었다. 만약 그녀가 남자를 이해하지는 못하더라도, 최소한의 예의만 갖추었더라면 상황이 그렇게까지 커지지는 않았을 것이다.

"실례지만, 옆에 앉으신 분들이 좀 불편하실 것 같은데 다리를 조금만 좁혀주시면 안 될까요?"

만약 이렇게 유연하게 표현했더라면 상대방 역시 분명히 다른 태도를 보이지 않았을까.

"아, 그래요? 미안하게 됐습니다."

자존심을 건드리지도 않고 다른 사람들 앞에서 망신을 준 것도 아닐 뿐더러 실례한다고까지 먼저 말하는데 거기다 대고 욕부터 쏟아내는 사람은 없을 것이다. 그랬다면 옆자리에 앉은 승객들의 불편이 해소되는 것은 물론, 그녀 역시 제시간에 목적지에 도착할 수 있었을 것이다.

타인과의 소통을 원한다면 우선 그의 입장을 이해하고 배려하는 마음을 가져라. 그런 다음 본론으로 들어간다면 상대방은 당신의 말에 귀를 기울일 것이다.

상대방을 이해하고 배려하려는 마음가짐과 최소한의 예의를 갖추지 않은 말하기는 이미 진정한 소통과는 거리가 먼 것이 되어버린다는 사실을 기억하자.

Memo

Memo